K.G. りぶれっと No.14

心理科学研究のフロンティア

伊村知子
柾木隆寿
北村元隆
鈴木まや
松中久美子

関西学院大学出版会

目次

はじめに
第1章　チンパンジーとヒトの乳児から見た二次元世界 …… 伊村知子 7
——「かげ」から奥行きを知覚する——
第2章　食べたら動くな⁉ …………… 柾木隆寿 23
——運動することによって生じる食物嫌悪学習——
第3章　麻薬の心理学研究の基礎と最先端 …………… 北村元隆 43
第4章　においを感じる心のしくみ …………… 鈴木まや 63
第5章　視覚障害とストレス …………… 松中久美子 87

はじめに

本書『心理科学研究のフロンティア』は、五人の心理学者が、それぞれ専門とする研究テーマをわかりやすく解説したものである。五人はいずれも気鋭の心理学者であって、二〇〇五年度に関西学院大学大学院で「博士（心理学）」の学位を取得した。本書は各人が一章ずつ担当しているが、どの章でも、まず当該分野の基礎知識を解説した後、博士論文研究の一端を紹介する形式をとっている。また、数式・英単語は避け、高校生や大学生、一般の読者にも理解しやすいことを心がけて執筆されている。なお、本書で紹介されている研究テーマはバラエティ豊かであり、個々に独立しているので、読者の方は、どの章から読み始められても構わない。

本書は、文部科学省の「『魅力ある大学院教育』イニシアティブ」に採択された「理工系分野に貢献する心理科学教育」（二〇〇五〜二〇〇六年度）の一環として企画されたものであり、文部科学省の「学術フロンティア推進事業」に採択された「先端技術による応用心理科学研究」（二〇〇二〜二〇〇六年度）の研究成果も反映している。関西学院大学心理学研究室では、基礎に重点を置きながらも日常生活や社会の様々な分野への応用を視野に入れた、多様で質の高い実証的研究が行われてきた。そうした研究成果をわかりやすい形で社会に発信することは、関西学院大学のスクールモットーである「マスタリー・フォア・サービス」の精神にも通ずるものである。

なお、本書の編集にあたり、名方嘉代さんの協力を得た。また、第2章および第5章のイラストは、それぞれ巽香菜子さん、小川有美子さんの手によるものである。感謝したい。

八木昭宏（プロジェクト代表者、関西学院大学文学部総合心理科学科教授）
中島定彦（出版企画担当者、関西学院大学文学部総合心理科学科助教授）

第1章 チンパンジーとヒトの乳児から見た三次元世界
――「かげ」から奥行きを知覚する――

伊村知子

はじめに

われわれは、写真やテレビ、絵画のような二次元の平面から、そこに描かれた物体の立体感や遠近感といった三次元の形状や奥行きを知覚する。平らなキャンバスに三次元の世界を表現するために、ルネッサンスの画家レオナルド・ダ・ヴィンチらは、「かげ」や「遠近法」などの技法を確立した。こうした歴史からも、二次元平面から三次元の奥行きを引き出す能力は、ヒトに特有な文化的経験によって培われたものだと考えられてきた。

一方、文化的な経験を持たないと考えられる生後まもない乳児やヒト以外の動物の知覚を調べることにより、二次元平面から三次元の奥行きを感じるための生物学的な基盤が彼らにも備わっていることが明らかになってきた。たとえば、生後六ヵ月のヒトの乳児は、二次元平面上に描かれた「かげ」や「遠近法」を手がかりに二つの物の形状や距離を区別できる（文献1）。チンパンジーやハトにおいても二次元画像から三次元の奥行きを知覚しているという証拠が示された（文献2、3）。では、二次元平面から三次元の奥行きを知覚する能力はどのようにして獲得されるのか。その進化的な起源、発達的起源はどこにあるのか。

これまで、ヒトの乳児と成人、あるいは動物の成体とヒトの成体における認知機能の比較研究はおこなわれてきた。しかし、認知システムが個体発生と系統発生という二つの時間軸で変化しうるものだととらえ、ヒトの認知機能がどのように発達するのか、なぜそのように進化してきたかという問いに答えるためには、乳児から成体への発達過程を系統の異なる動物種間で比較する必要がある。

本章では、チンパンジーとヒトの乳児と成体の比較、すなわち「比較認知発達」の視点にたち、二次元平面から三次元の奥行きを知覚する能力の発達的、進化的起源について取り組んだ筆者らの研究の一部を紹介していく。

チンパンジーの赤ちゃん、誕生

二〇〇〇年の春、京都大学霊長類研究所で三個体のチンパンジーの赤ちゃんが誕生した。アイの息子、アユム（二〇〇〇年四月二十四日生まれ、オス）、クロエの娘、クレオ（二〇〇〇年六月十九日生まれ、メス）、パンの娘、パル（二〇〇〇年八月九日、メス）。飼育下のチンパンジーの半分は育児を放棄するといわれているが、幸い、三個体ともチンパンジーの母親によって育てられた。日中は他のおとなのチンパンジーとともに屋外の放飼場で過ごし、時には母親の胸にしがみついたまま高さ十五メートルのタワーの間をロープづたいに移動することもあった。一日に一度、チンパンジーの母子を放飼場から実験ブースに呼び入れて、認知発達検査をおこなった。実験者がブースに同室して、乳児に対してさまざまな検査をおこなう。検査の間、母親は我慢強くようすを見守っている。

幸運なことに、筆者はチンパンジーの乳児の誕生を目の当たりにするだけでなく、約六年間、その成長を見守る機会を得た。次に紹介するのは、生後一年までのチンパンジー乳児の知覚発達をヒトの乳児と同じ方法で確かめた筆者らの研究の一部である。

「かげ」を手がかりとした凹凸の区別

図1は実際には平面だが、上が明るく下が暗い円は手前に出っ張って、下が明るく上が暗い円は奥に引っこんで知覚される。かげがものの形状の手がかりとなる。われわれは実際の世界はもちろん、写真のように二次元の平面に描かれた「かげ」からもものの奥行きを区別できる。しかし、チンパンジーは、平面に描かれた「かげ」から奥行きを知覚することができるのか。

図1　「かげ」による物の形状の知覚

アユムたちが五ヵ月のときに、「かげ」から凹凸を区別できるかをテストした（文献4）。まず、実際の凸と凹の形の違いを区別できるかを確かめた。おもちゃの桃とその写真を同じ距離に呈示する。すると、チンパンジーの乳児は写真ではなく、出っ張っているおもちゃの桃の方に手を伸ばして触れた。ピンポン玉を半分に割ったような灰色の半球を凹と凸にはめ込んだボードを呈示すると、実際に出っ張っている凸の方へ多く触れた。二つの物体のうち、出っ張っている方へ触れようとする本性があり、実際に出っ張りとへこみを区別していることがわかった。

図2　写真の凸（向かって左側）に手を伸ばす、アユム
（提供：アニカプロダクション）

そこで、次に半球を凹と凸にはめ込んだボードの「写真」を呈示してみた（図2）。ボードの表面は実際には平らである。形状を区別する手がかりは「かげ」のみである。出っ張って見える凸とへこんで見える凹を区別できるかを調べた。すると、チンパンジーの乳児は写真についても実物のときと同様に凸の方に手を伸ばして触れた。「かげ」を手がかりに二次元の平面に描かれた出っ張りとへこみを区別できたといえる。ヒトの乳児では、だいたい六、七ヵ月で「かげ」の手がかりを利用できる。チンパンジーの乳児の発達速度がヒトの約二倍であることを考慮すると、チンパンジーもヒトとほぼ同じ時期に「かげ」から奥行きを知覚できることがわかった。

光源に関する制約

図1の二つの円は凸と凹に知覚される。ところが、ひとたび頭を九〇度横に傾けてこの図を見ると、凹凸の印象はたちどころに変化するはずだ。凹凸が区別できなくなる。なぜだろう。われわれは、二つの「制約」をもって「かげ」からものの形状を見ているからだといわれている。

一つ目は、「単一光源」の制約である。われわれは無意識のうちに一つの光源によって場面全体が照らされていると考える。図1を見るときに、二つの光源が上と下のそれぞれにあるとは仮定しない。

二つ目は「上方からの照明」の制約である。やはり無意識のうちに光源は上にあると考える。したがって、上が明るく下が暗い円は凸と知覚されやすい。下が明るく上が暗い円を凸と見るのは困難だ。

太陽の光が頭上から降り注いで「かげ」ができる。そうした地球という環境が、じつはヒトの「かげ」からの奥行きを規定している。それでは、チンパンジーはどのような「制約」をもっているのだろうか。また、生後間もないヒトの乳児は、おとなのような「制約」をもっているのだろうか。

チンパンジーにおける光源の位置の効果

パルが四歳のときに、この問題について調べた。この時期には運動能力も発達し、ロープにさかさまにぶらさがったり十五メートルのタワーの上を駆け回ったりもする。このように三次元空間を自由に移動するチンパンジーは、頭上からの太陽の光の影響をヒトのようには受けないかもしれない。そこで、ヒトと同様に「単一光源」と「上方からの照明」の制約をもって「かげ」から奥行きを知覚しているのかどうかを調べる実験をおこなった。

「かげ」のついた円を縦六個×横六個の正方形に配置し、この正方形を三つモニター画面に提示する。一見すると三つとも同じに見えるが、一つだけ、三十六個並んだ小円のうちの一部の領域（縦四個×横二個）の合計八個の「かげ」の方向が違う小円を含んだ正方形を選べば正解とし、図形に触れるまでの時間を計測した。

光源が上にあると仮定した条件では、上が明るく下が暗い二十八個の小円（凸と見える）が並んだ中に、下が明るく上が暗い八個の小円（凹と見える）を含む領域がある（図3左）。一方、光源が右にあると仮定した条件では、右が明るく左が暗い小円が並んだ中に、左が明るく右が暗い小円を含んだ領域がある（図3右）。このテストをヒトがおこなうと、光源が上にあると仮定した条件ではすばやく正解を答えられる。つまり小円の「かげ」の向きの違いがすぐにわ

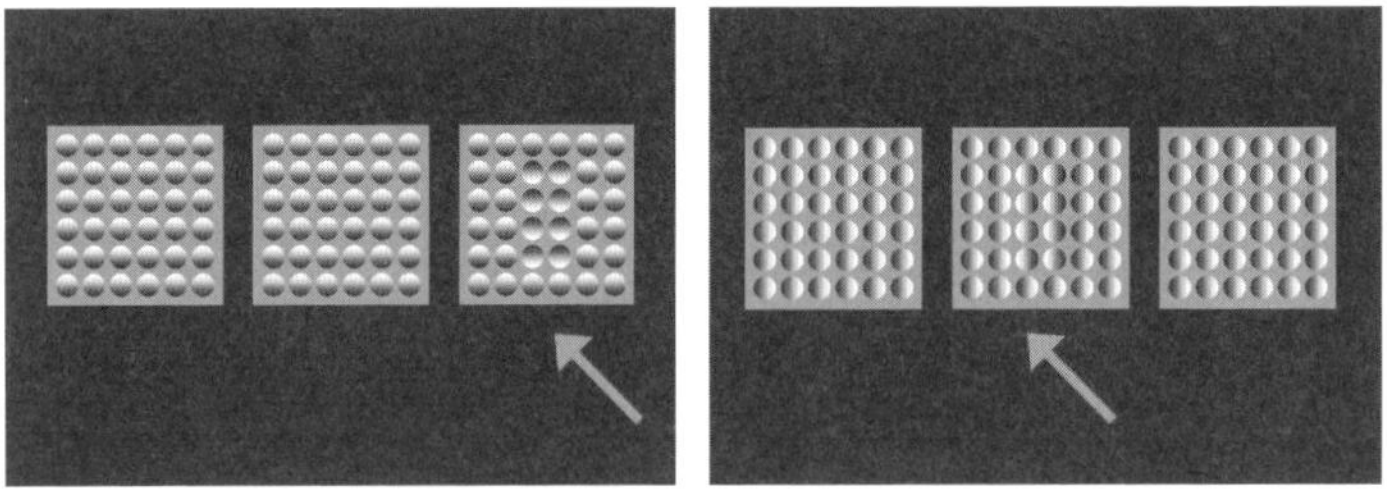

図3　二つの「制約」をもって「かげ」から凹凸を知覚していることを確かめる実験。左は光源が上に、右は光源が右にあると仮定される。

かる。それに対し、光源が右にあると仮定した条件では答えるのが最も遅くなる。もし、チンパンジーがこのような制約をもつならば、光源が上にあると仮定した条件でヒトと同じようにすばやく答えられるだろう。

チンパンジーの幼児も、ヒトとよく似た結果だった。このことは、チンパンジーもヒトと同じように「単一光源」と「上方からの照明」という二つの制約をもって「かげ」から奥行きを知覚していることが示された。

チンパンジーにも、ヒトとほぼ同時期に「かげ」から物の三次元形状を区別し、ヒトと同じ「制約」をもって「かげ」から奥行きを知覚する能力が見られた。では、ヒトはいつ頃からどのようにして光源に関する「制約」を獲得するのか。

ヒトの乳児における光源の位置の効果

まだ自分で座ったり移動したりする前のヒトの乳児は、仰向けの姿勢で寝ていることが多い。頭の向きが違えば、光が真上から照らされた状態でものを見る機会がおとなよりも少ないかもしれない。生後間もないヒトの乳児は、光源に関しておとなのような「制約」をもっているのだろうか。生後三、四ヵ月のヒトの乳児の光源に関する「制約」について中央大学の乳児実験室で調べた（図4）。

モニターに、「かげ」のついた円を計二十個（縦五個×横四個）並べた図形を二つ、左右に呈示し、赤ちゃんに見比べてもらう。どちらも全く同じ図形が十五秒間呈示される。その後、テストでは左右いずれか一方に「かげ」の方向が異なる円四個（縦二個×横二個）が前と同じ「かげ」のついた十六個の円の中に含まれた図形、もう一方に全て前と同じ「かげ」のついた円が二十個並んだ図形が呈示された。乳児は、見慣れたパターンよりも、違いを含んだ新しいパターンの方により興味を示し、長く見るといわれている。「かげ」の方向の違いを区別できるならば、テストでは、前とは「かげ」の方向が異なる円が含まれた図形の方を長く見ると思われる。

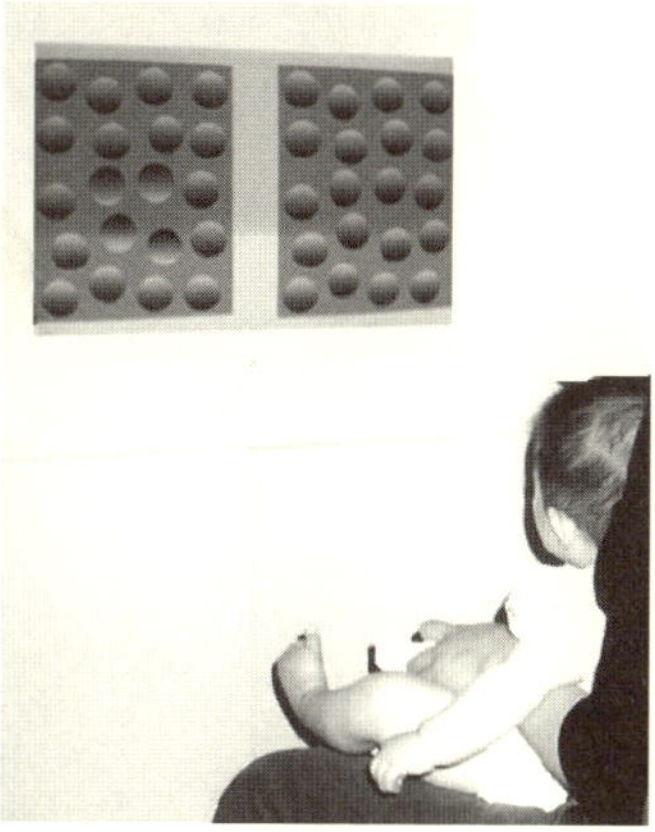

図4　乳児の実験のようす

ここで光源が上にあると仮定した条件と、右にあると仮定した条件をもうけた。もし、おとなのように「単一光源」、「上方からの照明」という二つの「制約」をもって「かげ」の方向の違いを見つけ出すならば、光源が上にあると仮定した条件では、「かげ」の方向が異なる円を含む配列の方に興味を示し、そちらをより長く見るだろう。

その結果、三ヵ月の乳児は光源の位置にかかわらず、どちらも同じくらい長く見たのに対し、四ヵ月の乳児は光源が上にあると仮定した条件でのみ、「かげ」の方向が異なる円を含む配列の方を長く見るという傾向がみられた。つまり、四ヵ月になると「かげ」の方向のちがいに気づくことがわかった。さらに、生後四ヵ月でおとなのように「単一光源」、「上方からの照明」という二つの制約をもって「かげ」から奥行きを知覚する準備ができていることがわかった。

「かげ」から物体の位置を知覚する

光がものによってさえぎられると地面に「かげ」ができる。このような「かげ」の手がかりは物体の位置を知る手がかりとなる。

図5上と図5下はボールの見かけ上の運動の軌跡は全く同じだ。しかし、かげの運動の軌跡の違いによって、図5上はボールが床の上を奥行き方向にころがるように見えるのに対し、図5下はボールが床から浮き上がっていくようにおとなには知覚される。
四、五ヵ月と六、七ヵ月のヒトの乳児が、「かげ」の運動を手がかりにボールの運動の軌跡を区別できるかを調べた（文献5）。まず、おとなにはボールが奥行方向に運動するように見えるアニメーション（図5上）を乳児が飽きてしまうまで繰り返しモニターに呈示して見せた。

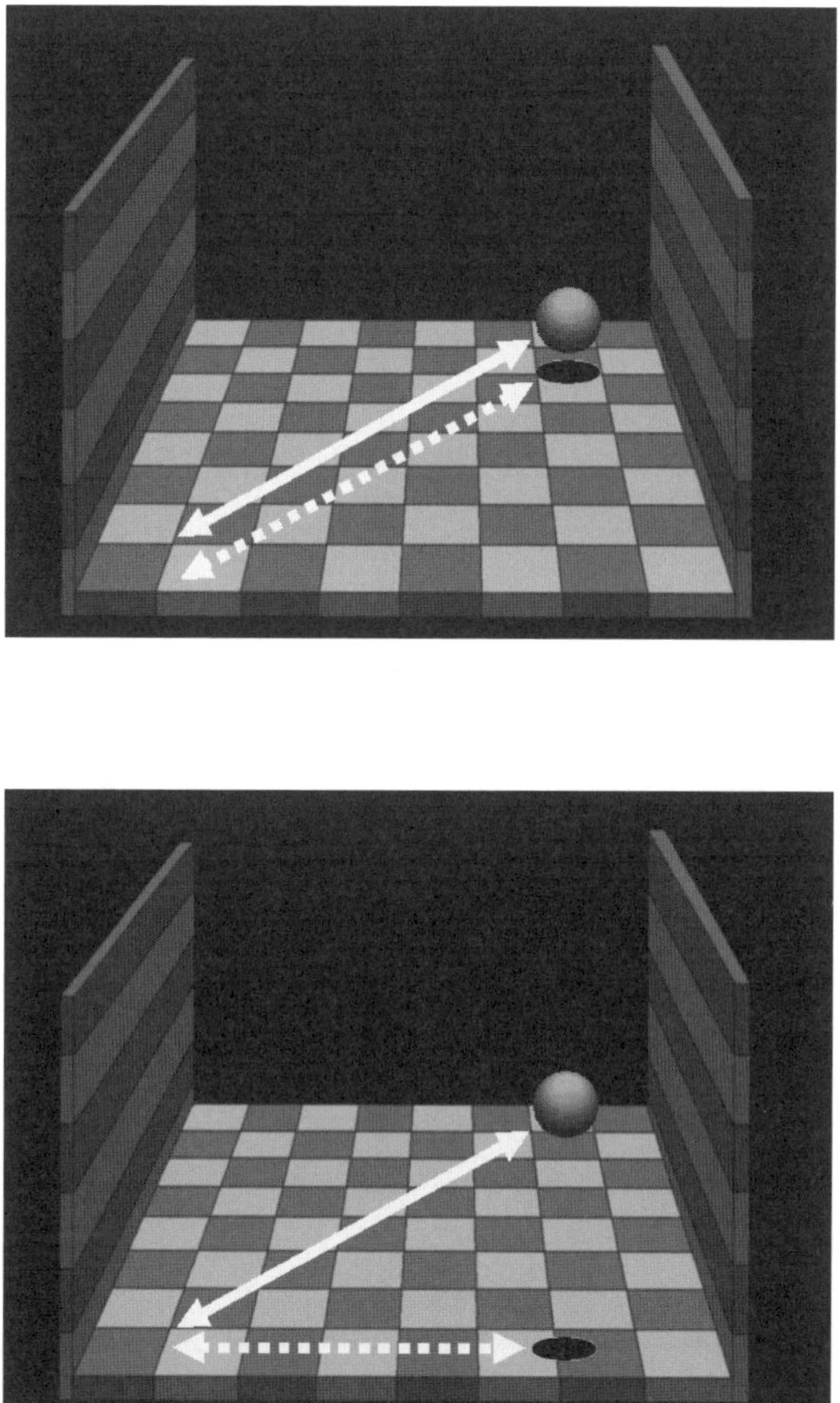

図5　「かげ」の手がかりによりボールの運動の軌跡が異なって知覚される。
上はボールが奥行方向に、下はボールが上昇方向に運動するように見える。

その後、ボールが上昇方向に運動するように見えるアニメーション（図5下）と奥行方向に運動するように見えるアニメーションを一つずつ見せた。このとき乳児が「かげ」を手がかりにボールの運動の軌跡の変化に気づくことができれば、新しいボールの運動の軌跡、つまり上昇方向の運動の方を長く見ることが予測される。

その結果、六、七ヵ月の乳児では、ボールが上昇方向に浮き上がるアニメーションが呈示されるとより長くアニメーションを見る傾向が見られた。一方、四、五ヵ月の乳児ではそのような傾向は見られなかった。

しかし、上昇方向の運動が知覚されるアニメーションには、ボールと「かげ」が近づいたり離れたりする運動が含まれている。六、七ヵ月の乳児がボールの空間位置の変化ではなく、このような動きの違いを手がかりに二つのアニメーションを区別していた可能性もある。

そこで、図6のように「かげ」とボールのそれぞれの運動の軌跡は変えずに、位置関係のみを逆転させたアニメーション、つまりボールの上に「かげ」をつけたアニメーションを作成し、乳児に見せた。どちらも「かげ」が不自然な位置にあるため、ボールの空間位置の違いは生じない。乳児が単に、「かげ」とボールが近づいたり離れたりする運動を手がかりに見分けていたのだとすれば、影とボールの位置を入れ替えても図6下のようなアニメーションの方を長く見るだろう。

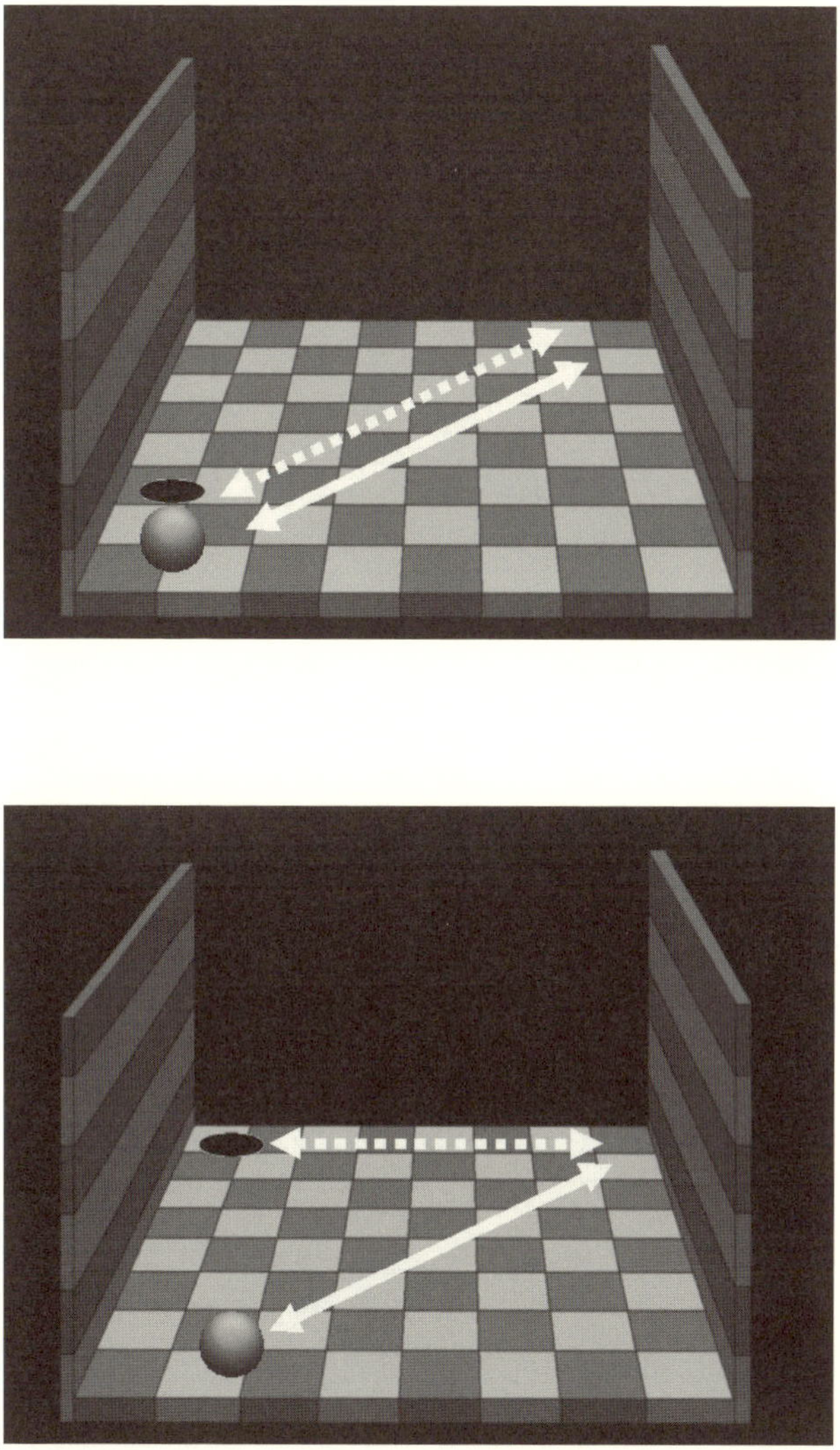

図6　「かげ」とボールの位置を逆転させたもの

その結果、六、七ヵ月のヒトの乳児でも図6下のようなアニメーションをより長く見る傾向は示されなかった。

六、七ヵ月の乳児は「かげ」による物体の三次元的な空間位置の違いを手がかりにアニメーションを区別していたことがわかった。

チンパンジーとヒトの乳児の比較からわかったこと

これまでチンパンジー、ヒトの乳児を対象に、二次元平面からの三次元奥行知覚の発達過程と進化的起源について検討した研究を紹介してきた。その結果、チンパンジーも「かげ」の手がかりから三次元の奥行きを知覚する可能性、ヒトとほぼ同時期に「かげ」から凹凸を区別する能力が発達することが示唆された。ヒトの乳児やチンパンジーの幼児は、光源に関してヒトの成人と同様の制約を持っている可能性が示された。これまで文化的な経験の影響が示唆されてきた二次元平面からの奥行きの知覚の能力だが、その一部は種を超えて共通の過程を経て発達することが明らかになった。

文 献

1 Granrud, C. E., Yonas, A, & Opland, E. A. (1985). Infants' sensitivity to the depth cue of shading. *Perception & Psychophysics, 37,* 415–419.

2 Reid, S. L., & Spetch, M. L. (1998). Perception of pictorial depth cues by pigeons. *Psychonomic Bulletin & Review, 5,* 698–704.

3 Tomonaga, M. (1998). Perception of shape from shading in chimpanzees (*Pan troglodytes*) and humans (*Homo sapiens*). *Animal Cognition, 1,* 25–35.

4 Imura, T., & Tomonaga, M. (2003). Perception of depth from shading in infant chimpanzees (*Pan troglodytes*). *Animal Cognition, 6,* 253–258.

5 Imura, T., Yamaguchi, M.K., Kanazawa, S., Shirai, N., Otsuka, Y., Tomonaga, M., & Yagi, A. (2006). Perception of motion trajectory of object from the moving cast shadow in infants. *Vision Research, 46,* 652–657.

第2章　食べたら動くな!?
――運動することによって生じる食物嫌悪学習――

柾木隆寿

真夜中の調理場にて

ある雑居ビルに一匹のネズミが住み着いていた。ビルには何軒かの飲食店が入っていたために、保存している食材や料理の残飯など食べる物は豊富にあり、ネズミにとってそこは天国のような場所であった。しかしながらある時期を境に、食材が保管されている部屋への通路は塞がれ、残飯もすぐにどこかへと運び出されてしまうようになり、次第にネズミは空腹感を抱える日々が続くようになった。

ある日の真夜中のこと、食べ物を探しに調理場の隅をネズミが歩いていると、今までに出会ったことのない食べ物を発見した。いつもなら警戒して近づかないのだが、もう丸二日何も食べていない。周りに危険なモノが無いことを確認した後に、その食べ物に近づき匂いを嗅いでみる。特に匂いはしない。そして、その食べ物を恐る恐る一口齧《かじ》ってみた。苦味は少しあるがそれほど気にはならず、甘味とうま味のバランスがとても良く、いわゆる「おいしい」部類に入る味だ。普通の動物ならそのまま全部食べてしまうだろう。しかし、そのネズミはお腹が空いていたにもかかわらず、もう一口齧《かじ》ってかけらを胃に収めただけでその場を離れてしまった。「おや？」と思うかも知れないが、この行動が後々ネズミの命を救うことになる。数十分後、ネズミの身体に変調が現れた。胃がムカムカして気分が悪く、さらに腹部に激痛が走り、立ち上がることすらできない。身体の構造上、ネズミは胃に入れた食べ物を吐き出すことができないので、寝そべったままこの苦しい時間が過ぎ去るのを待つしかなかった。

もちろん、調理場にあったあの食べ物は、ネズミ駆除業者が置いた殺鼠剤《さっそざい》入りの毒餌だった。ネズミの進入口を塞ぐ、生ゴミを置かない等の様々な対策に加え、この毒餌駆除法が取られたのだ。しかしながら、駆除業者の思惑通りに物事は進まなかった。ネズミは少ししか餌を食べなかったので、食べ物に含まれていた殺鼠剤は致死量にはいたらなく、一命をとりとめることとなったのである。

数時間後、不快感が治まり体調が回復したネズミは何事も無かったように身体を起こし、また食べ物を探しにでかけた。しかし、もうあの食べ物を口にするようなへまはしない。数時間前の体験により、「あの味」がする食べ物は嫌いになり、今後決して食べないように学習したのだった。そして、そのビルではネズミと駆除業者のイタチごっこがこれからも続くのであった。

日常生活で生じる食べ物の好き嫌い

食べた後で体調を崩した結果、その食べ物を嫌いになるという話は何もネズミに限られた話ではない。当然、私たちヒトにおいても起こりうる話である。ここで、あなたの嫌いな食べ物を思い浮かべて欲しい。想像するだけで気分が悪くなるかも知れないが、その食べ物のどこが嫌いなのか、よく考えてみて欲しい。味、匂い、舌触り、歯ごたえ、見た目、あるいはその全部だろうか。次に、なぜその食べ物が嫌いなのかを考えてみて欲しい。味が苦いから、匂いが臭いからと、その食べ物が持つ性質に原因があるという答えの他に、「それを食べた後に、気分が悪くなったり、嘔吐や腹痛を経験したことがあるから」と、自らの経験にその原因があるという答えも多いであろう。

実際に、このような食べ物の好き嫌いの原因を調べる調査が過去数回にわたって行われている。例えば、一九八〇年代にアメリカで五一七名の大学生を対象として行われた調査では、およそ半数の学生が、食後に体調不良を経験したことが原因で特定の食べ物を嫌いになったことがあると報告している（文献1）。あなたの周りにいる友人にも先ほどと同じ質問をしてみて欲しい。友人の答えた食べ物があなたにとって「何であんなにおいしいのに嫌いなの？」と、疑問を抱かせるものであったら、おそらくその友人は過去にこのような出来事を経験したに違いない。

医療場面で生じる食べ物の好き嫌い

食後に体調不良を経験することによって、日常生活でいくつか嫌いな食べ物ができたとしても、それほど深刻な問題とはならないだろう。「おいしい」と感じることができる食べ物が一つ減ることは人生において大変不幸な出来事ではあるが、栄養の側面から考えれば、その食べ物を取らなくても他の食べ物で必要な栄養素を補えばいいだけのことである。また、現代の私たちの生活、特に日本においては、そう傷んだ食べ物に出会うこと、ましてや毒物が入った食べ物に出会うことはほとんどなく、食への安全はほぼ完璧に確保されているといえるだろう。しかしながら、この食後の体調不良によりある食べ物が嫌いになるという学習が、ヒトの生命を脅かす場面も存在する。それは、がん患者を対象とした医療場面である。

がん患者に対する治療方法の中には、薬物投与や放射線照射により、がん細胞の増殖を抑える、あるいは、がん細胞を死滅させる方法（化学療法、放射線療法）がある。残念ながらこれらの方法には副作用があり、患者に吐き気や腹痛、下痢等の症状を引き起こすことがある。つまり、病院で出される食事を食べた後に、各治療の副作用で気分不快感・内臓不快感を経験してしまうと、病院での食事を嫌いになってしまう恐れがある。この結果、朝昼晩と用意される食事をその患者はほとんど取らなくなり、栄養が不足し体重が減少するなど、病気からの回復には望ましくない状態へとだんだん陥ってしまう。もちろん、がん患者に見られる慢性的な食欲不振は、長い入院生活によるストレスなど様々な原因によっても引き起こされる。しかし、この「食事→気分不快感」という体験により生じる食べ物への嫌悪の形成も、食欲不振の生起に深刻な影響を与えていることが過去の研究で示されており（文献2）、実際の治療場面では、食事スケジュールの改善など様々な対処法が取られるようになっている。

食物嫌悪学習

これまで述べてきた、食後の体調不良によってその食べ物が嫌いになる、という現象は、心理学において「食物嫌悪学習」と呼ばれて研究されている。特に、その食べ物の味と匂いが嫌いになったときには「風味嫌悪学習」、味だけが嫌いになったときには「味覚嫌悪学習」などと細かく区別して呼ばれることもある。そして、この食物嫌悪学習は「古典的条件づけ（あるいはパヴロフ型条件づけ）」というさらに大きな枠組みの中で捉えられている。ここで簡単に古典的条件づけの説明を行う。

古典的条件づけの研究は、今からおよそ一〇〇年前にロシアの生理学者パヴロフによって始められた。彼は、イヌを対象として次のような実験を行った。まず、イヌにメトロノームの音を一定時間聞かせる。続いて、餌の入った皿をイヌの目の前に出して餌を食べさせる。初めてイヌにメトロノームの音を聞かせても特に大きな反応は起こらないし、餌に対しては唾液を流すという通常の反応が生じるだけである。そして、この「メトロノームの音→餌」という操作をイヌに何回か繰り返した後に、テストとして餌は提示せずに、メトロノームの音だけを聞かせる。すると、餌がないにもかかわらず、イヌはその音を聞いただけで唾液を流すようになる。

このように、あまり重要でない刺激（メトロノームの音）と、それに比べると比較的重要で、何らかの反応を引き起こすような刺激（唾液分泌を引き起こす餌）を対にして繰り返し提示すると、もともと何の反応も引き起こさなかった前者の刺激が、後者の刺激に関連した反応を引き起こすようになる。この一連の手続き、及び現象が古典的条件づけと呼ばれる。専門用語を用いると、あまり重要でない刺激は「条件刺激」、それに比べ比較的重要な刺激は「無条件刺激」と呼ばれ、また、無条件刺激がもともと引き起こす反応のことは「無条件反応」、対提示の結果として条件刺激が引き起こすようになる反応のことは「条件反応」と呼ばれる。

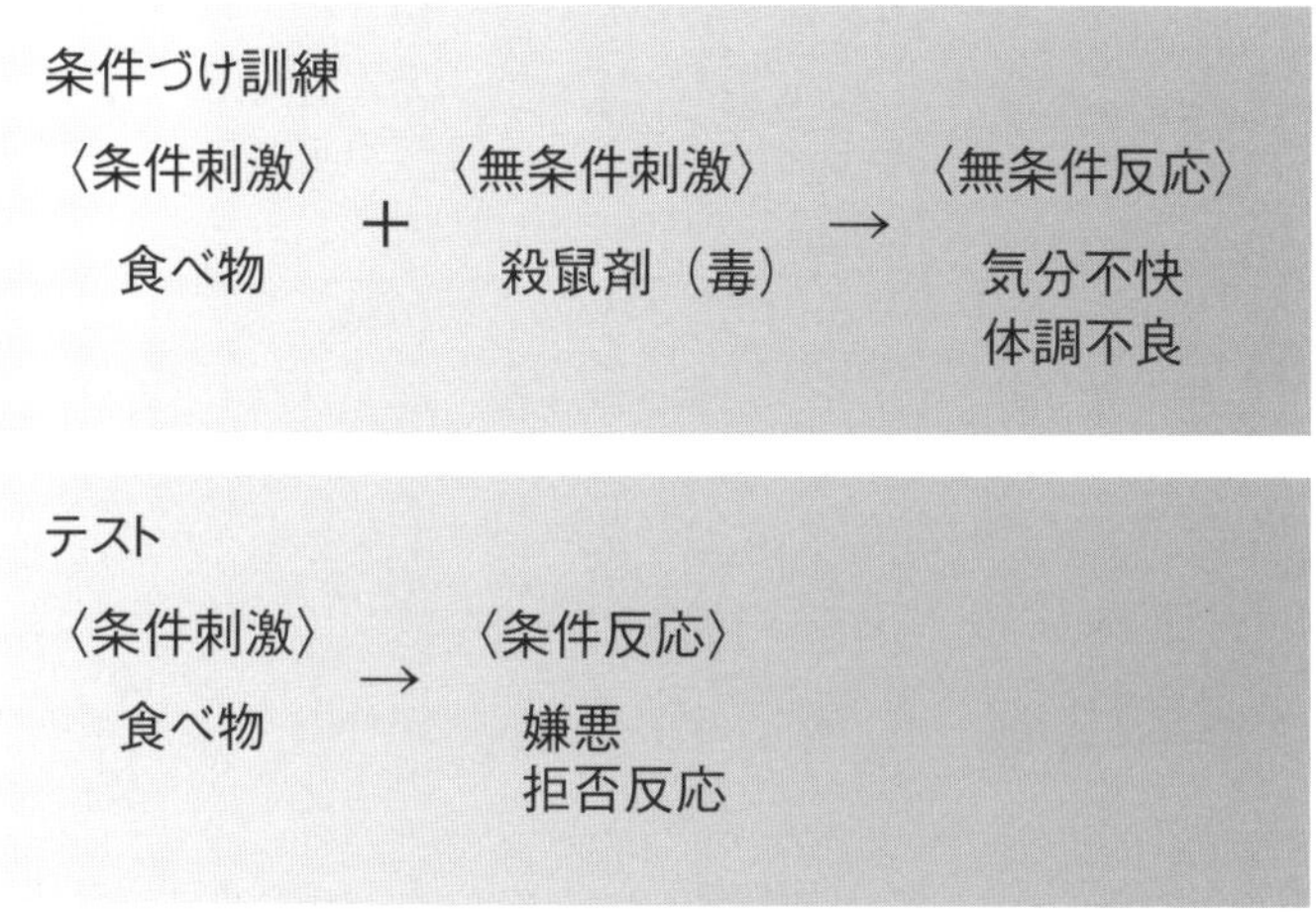

図1　食物嫌悪学習の説明

この古典的条件づけの枠組みでもう一度、ネズミの身に起こった食物嫌悪学習を説明してみよう（図1参照）。条件刺激は食べ物（イヌの場合と違って、ここでは無条件刺激ではないことに注意。条件刺激と無条件刺激はいつも相対的な関係である）、無条件刺激はそれに含まれていた殺鼠剤、そして、殺鼠剤によって引き起こされた気分不快感・体調不良が無条件反応となる。この条件刺激と無条件刺激が同時に提示されることにより、ネズミは条件反応としてその食べ物に嫌悪を抱くなどの拒否反応を示すようになる。

実験場面における食物嫌悪学習

ヒトの食行動に関してより深い理解を得るためには、この食物嫌悪学習を詳しく調べる必要があるのだが、各人の体験談を聞いているだけでは不十分であるし、個人の過去経験はあまりにも多様すぎて検証することが困難である。そこで、この食物嫌悪学習の研究にはヒトと同じ雑食性の動物で、取り扱いが簡単な実験用に改良されたネズミ、つまり、ラットが頻繁に用いられている。また、条件刺激も食べ物ではなく、提示量を調節・測定しやすい味覚溶液が用いられ、無条件刺激には殺鼠剤より安全で、吐き気や嘔吐だけをしっかり引き起こす塩化リチウムなどの催吐性薬物が用いられる。ラットを使った食物嫌悪学習の心理学的実験は次のような手順で行う。

まず、ラットが一日に水を飲める時間を制限し、常に喉が渇いた状態にしておく。そして、実験者が設定した時間帯にラットが安定して水を飲むようになったら、条件づけ訓練を行う。条件づけ訓練では、水の代わりに条件刺激である味覚溶液（例えば、甘味を呈する砂糖水）をラットに提示し、飲ませる。飲み終わった後、塩化リチウムなどの吐き気を引き起こす薬物をラットの体内へ注射する。この薬物による体調不良からの回復後、テストとして再び条件刺激であるその砂糖水を提示し、ラットがどの程度それを飲むのかを調べる。もちろん、条件づけ訓練の経験により、ラットは砂糖水を全く飲まなくなるという結果が得られ、その砂糖水に対して嫌悪が形成されたと見なされるのである。

このように比較的簡単な手続きで嫌悪の形成が容易に得られることも手伝って、食物嫌悪学習の実験はこれまで数多く行われてきた。その中には、ヒトの食物嫌悪学習の治療や予防を目的とした基礎実験だけではなく、学習一般の法則を調べるための実験、この学習に関係する脳内メカニズムや遺伝子を特定するための実験、あるいは味覚という感覚そのものが持つ特徴を調べる実験、そして、各種薬物の効果を調べる実験など、様々な目的を持った実験が多く含まれている。これら膨大な数の食物嫌悪学習に関する研究は、現在インターネット上でデータベース化されており、誰でも様々なキーワードを用いて各研究を調べることが可能となっている（文献3）。

様々な無条件刺激

食物嫌悪学習の研究が進められていく中で、多くの薬物がこの条件づけの無条件刺激として機能することが明らかにされていった。しかし、その中には適切な投与量であれば、気分不快感や吐き気を引き起こさないはずの薬物も含まれていた。それは、アンフェタミンやモルヒネなどの、摂取すると気分が良くなるため、動物が積極的に求めるようになる報酬性薬物である。なぜこれらの報酬性薬物を投与することによって食物嫌悪学習が成立するのかという問題は、現在もまだ検討が加えられている最中であり、食物嫌悪学習の定義にまで関わってくるような複雑な様相を示しているのでここでは説明しない。しかし、この不思議な結果により次々に新しい研究が行われるようになったことは覚えていて欲しい。

そして近年、薬物でもなく、さらに不思議な処置により食物嫌悪学習が成立することが報告されている。その処置とは、「運動」である。つまり、味覚溶液摂取後にある運動を行うと、その味覚溶液が嫌いになるというのである。この現象は一九九六年にカナダの心理学者、レット教授の研究室で発見された（文献4）。少し詳しく彼女が行った実験を見ていこう。

回転かご走行による食物嫌悪学習

彼女が用いた運動とは、「ラットを回転かごで走らせる」という処置であった。走らせる、といっても、ラットは回転かごに入れられるとなぜか勝手に走り出す。この行動の原因そのものもまだ明確に分かってはいないのだが、とにかくこの自発的に走るという性質を利用し実験が行われた。その実験では、通常の食物嫌悪学習の実験手続きと同様に、味覚溶液摂取後にラットを回転かごに放り込み自発的に走らせる、という条件づけ訓練を数回行った。その結果、テストとしてその味覚溶液を再び提示したときに、ラットはそれを摂取しようとはしなくなったのである（図2）。

レット教授の発見以降、筆者が所属する研究室を含め、多くの研究室でこの現象の再現に成功している。二〇〇六年七月までに、計十四本の研究が論文として報告されており、今後もこの数はますます増加していきそうである。これまで行われてきた実験では、この回転かごによっ

図2　回転かごでの自発的走行によって引き起こされる食物嫌悪学習

て引き起こされる食物嫌悪学習についての様々な性質を調べることが主な目的であった。例えば、回転かごで走らせる時間が長くなるにつれ、形成される食物嫌悪が強くなること、そして、味覚溶液摂取後に一定の遅延時間を設けて回転かご走行を行わせても嫌悪の形成が可能であることが明らかにされている（文献5）。また、味覚溶液と回転かご走行の対提示を行う前に単独で回転かご走行をラットに経験させると、味覚溶液に対する嫌悪の形成が阻害されることも示されている（文献6）。

回転かごでの自発的走行によって引き起こされる食物嫌悪学習は、心理学の領域においてその存在を広く認知させることに成功している。しかし、この事例だけで、運動することが食物嫌悪学習の無条件刺激として機能すると結論づけてしまってよいのだろうか。この結論をさらに支持するためには、他の運動によっても食物嫌悪学習が成立することを示す必要があるのではないだろうか。このような考えのもと、筆者たちは次のような実験を計画した。

強制水泳による食物嫌悪学習

筆者たちが選んだ運動とは「水泳」である。突飛に思われるかも知れないが、ラットを水の入ったプールの中に入れて一定時間泳がせるという手続き（図3）は、「強制水泳処置」と名付けられており、古くから様々な研究で使用されてきている。筆者たちが行ってきた、この強制水泳が食物嫌悪学習を引き起こすかどうかを調べた研究の中で主要な実験を一つ、ここで詳しく説明する（文献7）。

その実験では三十二匹のラットが用いられ、条件づけ訓練時の手続きの違いにより二つの群に十六匹ずつ分配した。条件づけ訓練として、一方の群のラットには条件刺激であるサッカリン溶液（甘味を呈する溶液で、ラットは生得的に甘味溶液を好む）を十五分間提示し、提示終了後すぐに、室温と同じ温度の水が入ったプールの中で二〇分間泳がせた（これらのラットは対提示群と名付けた）。残りのラットにおいては、十五分間のサッカリン溶液提示と、二〇分間の強制水泳はそれぞれ別の日に単独で行われた（これらのラットは非対提示群と名付けた）。

図3　強制水泳中のラット

この訓練の後、テストが行われた。テストでは各ラットにサッカリン溶液と水が同時に与えられ、ラットは好きな方を選択し飲むことが許されていた。

テストの結果を図4に示す。グラフの横軸は群、縦軸はラットが飲んだ各溶液の摂取量の平均値を表している。このグラフから明らかなように、サッカリン溶液摂取後すぐに強制水泳を行った対提示群のラットは、サッカリン溶液を忌避し、水の方をよく飲んでいる。一方、サッカリン溶液摂取と強制水泳を別々に行った非対提示群のラットは、サッカリン溶液を水より多く摂取している。つまり、これらの結果により、味覚溶液摂取後すぐに強制水泳を行うと、その味覚に対して嫌悪が形成されることが明確に示されたのである。

このように強制水泳という処置も食物嫌悪学習の無条件刺激として機能することが示された。筆者たちは、回転かご走行の研究と同じように、この強制水泳が引

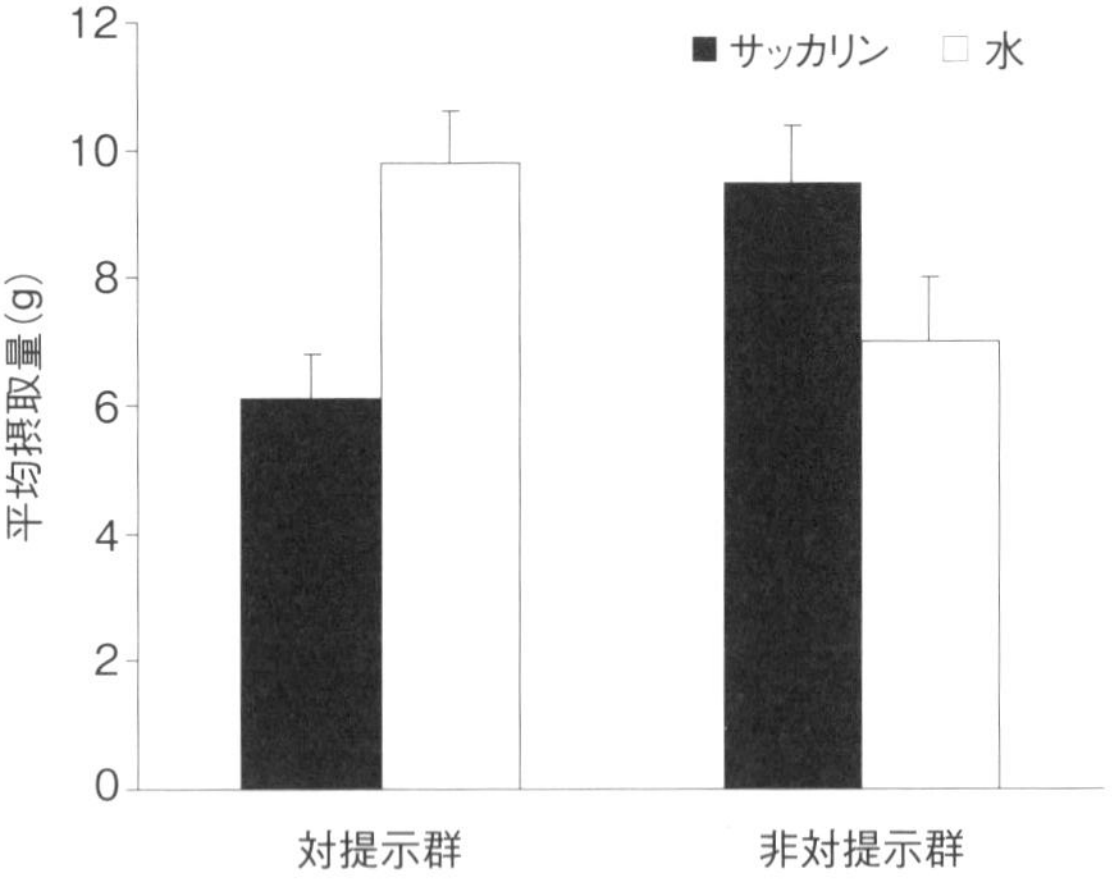

図4　テストにおける各群の平均溶液摂取量

き起こす食物嫌悪学習が持つ性質をさらに詳しく検討した。

まず、水の入ったプールにラットを入れておく時間、つまり水泳時間が長くなるほど、形成される嫌悪の程度がより強くなることが示されている（文献7）。また、味覚溶液提示から三〇分の遅延時間を設けて強制水泳を行わせても、その味覚に対する嫌悪の形成が可能であることが示されている（文献8）。そして、味覚溶液と強制水泳の対提示を行う前に単独で強制水泳をラットに経験させると、味覚溶液に対する嫌悪の形成が阻害されることも明らかにされている（文献9）。

このように、強制水泳を用いた食物嫌悪学習においても、回転かご走行を用いた場合とほぼ同じ結果が得られている。これらの結果を受けて、強制水泳による食物嫌悪学習の形成も運動という性質が重要な役割を果たしているという結論を主張したいが、まだ考慮しなければならない要因は残っている。例えば、強制水泳は運動を伴うだけでなく、ラットの身体を濡らして体温を低下させる。この体温低下により、直前に摂取した味覚溶液を嫌いになっている可能性も考えられる。

そこで、ラットが泳ぐプールの水深を変化させる実験を行い、身体が水で濡れることの重要性を検討した。その結果、味覚溶液摂取後に水泳の必要がなく、身体が濡れるだけの浅い水深のプールに入れられたラットよりも、味覚溶液摂取後に水泳することが必要な水深が深いプールに入れられたラットの方が、その味覚溶液に対してより強い嫌悪を示した（文献7）。また、味覚溶液摂取後に霧状の水をラットに噴霧して身体を濡らすという処置を行っても、ラットはその味覚溶液に対して嫌悪は示さないという結果も得られている（文献7）。

このように、やはり身体が水で濡れることではなく、泳ぐという運動が伴うことにより、強制水泳を無条件刺激とした食物嫌悪学習が成立しているという主張は強く支持されている。もちろん他にも隠された要因は存在するかも知れないし、その可能性を今後も追求していかなければならないが、現時点ではこのように結論づけておこう。

なぜ運動することが食物嫌悪を引き起こすのか?

これまで見てきたように、ある味覚溶液を摂取した後に、回転かごで走ったり、プールの中で泳いだりと何かしらの運動を行うと、ラットはその味覚溶液を忌避するようになる。次に生じる疑問は「なぜ運動が食物嫌悪学習の無条件刺激として機能するのか?」というものであろう。この問題に関しては現在検討が加えられている最中であり、明確な答えはまだ得られていない。おそらく、運動によって生じる何らかの体内における変化が、この学習の成立に重要な役割を果たしていると考えられる。

例えば、もしかすると運動によってラットは吐き気や気分不快を感じているのかもしれない。つまり、この運動による食物嫌悪学習も、塩化リチウムなどの催吐性薬物を用いた従来の食物嫌悪学習と同様のメカニズムによって成立している可能性が考えられる。走ったり、泳いだりしているラットを観察しても吐き気や気分不快を感じているような傾向は見て取れないが、行動には現れないレベルでラットが気分不快を経験している可能性は否定できない。

また、運動することは体内のエネルギーを消費させる。通常であれば、食事をすることによって生きていくためのエネルギーが補給される。しかしながら、食事後すぐに運動を行うと、補給される分を上回ってエネルギーが消費されるかもしれない。つまり、その食べ物を食べるとエネルギーが補給されず、逆に消費されるというプロセスにより、ラットは食物嫌悪を獲得しているのかもしれない。

この他にも、運動による食物嫌悪学習の形成要因と考えられる候補はいくつもある。これらを検証していくためには、もはや心理学だけでなく、他分野の知見を取り入れながら研究を進めていかなければならない。生理学、薬理学、神経科学等で得られている最新の知見、および最新の実験方法を取り入れた多角的なアプローチが、この問題を解明するためには必要であり、そして、今まさにそのようなアプローチを用いた実験が始まろうとしている。

さて、最後に最も簡単で、最も重要な疑問を提示することでこの章をまとめることにしたい。その疑問とは「ヒトにおいてもこの運動による食物嫌悪学習は生じるのか？」、というものだ。このような経験で食べ物が嫌いになったというヒトに、筆者はまだ出会ったことがない。そのようなヒトを知っていれば、ぜひ筆者まで連絡してもらいたい。とりあえずこの問題が判明するまでは、食後は動かずにおとなしくしている方が賢明であろう。

これまで述べてきたように、運動によって引き起こされる食物嫌悪学習は、ラットでしか確認されていない現象である。もしかすると、ラットでしか起きない学習である可能性も否定できない。運動による食物嫌悪学習においてはこのような簡単な問題でさえもまだ解明されてはおらず、取り組まなければならない課題が山積みになっているのが現状である。このテーマを扱う研究者たちはこれからも、食事もそこそこにして走り続けなければならないのだ。

文献

1 Logue, A. W., Ophir, I., & Strauss, K. E.（1981）. The acquisition of taste aversions in humans. *Behaviour Research and Therapy, 19*, 313–333.

2 Bernstein, I. L.（1978）. Learned taste aversions in children receiving chemotherapy. *Science, 200*, 1302–1303.

3 Riley, A. L., & Freeman, K. B.（2004）. Conditioned taste aversions: A database. *Pharmacology Biochemistry and Behavior, 77*, 655–656.

4 Lett, B. T., & Grant, V. L.（1996）. Wheel running induces conditioned taste aversion in rats trained while hungry and thirsty. *Physiology & Behavior, 59*, 699–702.

5 Hayashi, H., Nakajima, S., Urushihara, K., & Imada, H.（2002）. Taste avoidance caused by spontaneous wheel running: Effects of duration and delay of wheel confinement. *Learning and Motivation, 33*, 390–409.

6 Nakajima, S., Urata, T., & Ogawa, Y.（2006）. Familiarization and cross-familiarization of wheel running

and LiCl in conditioned taste aversion. *Physiology & Behavior, 88,* 1–11.
7 Masaki, T., & Nakajima, S. (2005). Further evidence for conditioned taste aversion induced by forced swimming. *Physiology & Behavior, 84,* 9–15.
8 Masaki, T., & Nakajima, S. (2004). Taste aversion learning induced by delayed swimming activity. *Behavioural Processes, 67,* 357–362.
9 Masaki, T., & Nakajima, S. (2004). Swimming-induced taste aversion and its prevention by a prior history of swimming. *Learning and Motivation, 35,* 406–418.

第3章 麻薬の心理学研究の基礎と最先端

北村元隆

こころとからだ

こころは外界の刺激によって様々に変わる。体は主に視覚、聴覚、嗅覚、味覚、触覚などの五感によって刺激を感じる（一般的に言う第六感は体に備わった五感以外の直感）。触覚には痛み・圧・温度感覚などがある。そのほかに、運動・平衡感覚、膝を叩くと足が跳ねる膝蓋腱《しつがいけん》反射のような筋反射もある。刺激が脳に伝えられて知覚となり、怒りや安らぎなどの感情、励ましに対するやる気・意欲、さらに記憶が組み合わされて高度の知識や思考が生まれる。生物は経験を記憶するので学習できるのである。

五感、筋反射、記憶などは年を経るに従って減退する。人の過去と現在、そして将来は記憶でつながっている。昔のことは脳に固定されているが、今聞いたことを思い出せない。高齢になると、特に短期記憶が衰えるので新しいことを学習することがつらくなる。一方、物忘れが多くなる。それに伴って、からだも元気を失いがちである。社会の高齢化に伴い、抗うつ薬、抗不安薬、睡眠薬を常用する人が増えている。くすりだけに頼らず、幾つになっても新しい目標を持ち、ポジティブなこころを自分に習慣づけることが必要であろう。刺激を知覚し、怒る、安らぐ、意欲が湧く、などの反応は、脳・中枢神経系における興奮物質や抑制物質が仲介する。心のはたらきと行動の関係について、心理学では数多くの精緻な行動理論が確立されてきた。近年、それに加えて、神経の働きを通して、こころの内的過程をしらべようという研究が進められている。心理学はこれまで以上に確固たる基礎の上に応用範囲を広げ、他の分野との交流も盛んに行われるようになってきた。

こころとくすりの相互協力

情動・感情、意思、知識、知能、知性など、こころのはたらきとくすりのはたらきは、どのような関係にあるのだろうか。異質のものであろうか。最近、多くのくすりは体内でこころと相互に協力してはたらく、と考えられるようになってきた（図1）。例として、脳・中枢神経

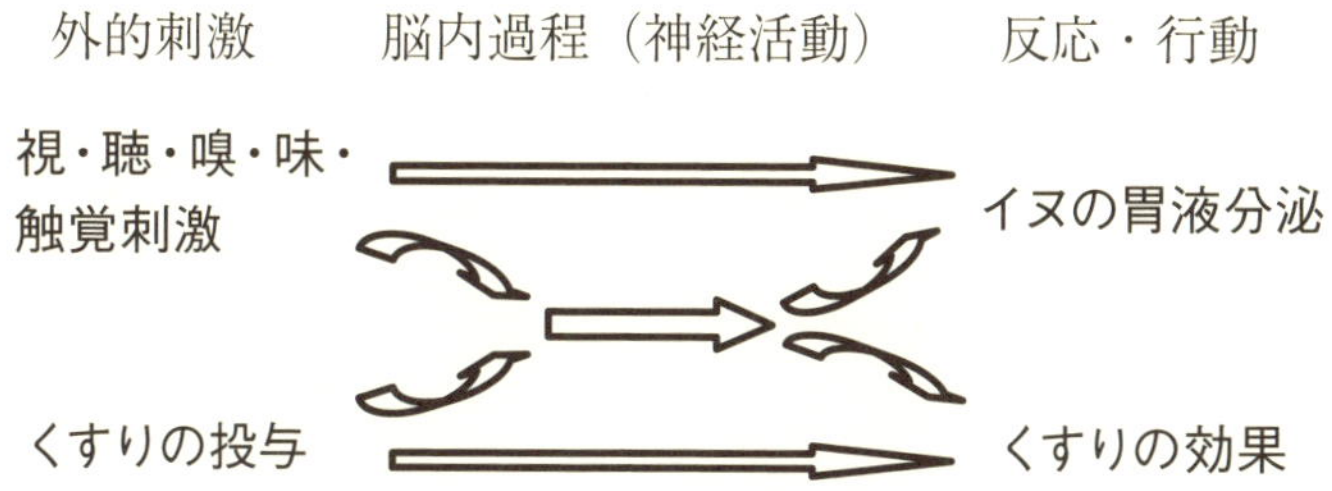

図１　こころとくすりの相互協力

系に作用するくすりについて考えてみよう。神経の主な伝達物質として、ドパミン、ノルアドレナリン、セロトニン、アセチルコリンなどがある。これらの伝達物質は喜怒哀楽のように、こころが揺れ動く時にからだの中で作動し、その結果が行動に現れる。主に情動にはたらいて、不安・恐怖を抑える抗不安薬は、これら物質の活動を抑え、こころを平静に保つ。睡眠薬は五感刺激に対する感受性を一時的に弱める。抗うつ薬は伝達物質が受容体に多く行くように働く。麻薬のモルヒネは、神経伝達物質の助けを借りて、強い鎮痛効果をもたらす。従って生体内の神経伝達物質を追い出した後に、モルヒネを投与しても、鎮痛作用は発揮されない。覚醒剤《かくせいざい》のメタンフェタミン（ヒロポン）は、神経伝達物質をフル回転させて興奮や幻覚などを誘発する。これらのくすりは、からだの中で作用する部位が異なるので、さまざまな効果を現すのである。

　このように、くすりとこころは脳内ではたらく過程で、共通のルートを通り、行動に変化を現すのである。

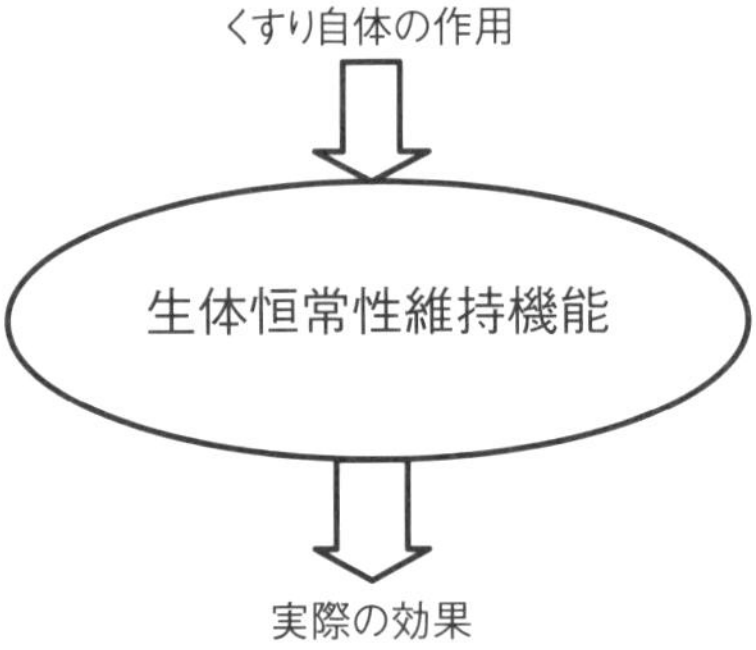

図2　くすりの作用と実際の効果

生体恒常性維持

からだは自動的に一定の状態を保つ機能、即ち生体の恒常性維持機能を備えており、病気やくすりによって状態が変わると、からだはそれに抵抗する。くすりに対するからだの反応はその種類によってさまざまである。くすりは、食物の中に含まれて摂取し、またはからだの中でつくられた物質が不足する時は補い、過剰な時には抑える働きを持つ。脳・中枢神経系に働きかける麻薬や、自律神経系、心臓、血管などに作用する降圧薬は、本来体内に存在しからだを機能させている、神経の伝達物質を調節するように作用する。そのため生体の恒常性維持機能によって抵抗を受け、その分だけくすりの効果は弱くなる（図2、表1）。中には皮膚の塗り薬のように、からだの抵抗がはっきりしないくすりもある。また、ある種のくすりは、長期間使い続けると薬理効果が著しく低下し、必要な効果を得るために増

表1　くすりの薬理作用と生体恒常性維持機能の関係

くすりの種類	薬理作用			生体恒常性維持機能		
自律神経系薬	血圧	心拍	胃液	血圧	心拍	胃液
アドレナリン	上昇	増加	減少	低下	減少	増加
アトロピン	上昇	増加	減少	低下	減少	増加
ニコチン	上昇	増加	減少	低下	減少	増加
アセチルコリン	低下	減少	増加	上昇	増加	減少
ドパミン	上昇	減〜増	減少	低下	増〜減	増加
向精神薬	中枢神経系			中枢神経系		
クロルプロマジン	鎮静	緊張低下		興奮	緊張上昇	
イミプラミン	抗うつ	緊張上昇		鎮静	緊張低下	
ジアゼパム	抗不安	緊張低下		興奮	緊張上昇	
麻薬・覚醒剤	中枢神経系			中枢神経系		
モルヒネ	鎮痛	瞳孔収縮		痛覚過敏	瞳孔散大	
メタンフェタミン	興奮	瞳孔散大		鎮静	瞳孔収縮	
降血糖薬	血糖			血糖		
インシュリン	低下			上昇		

量する必要がある。この現象を耐性という。これはからだの生理的、薬理的な適応反応である。このようにくすりの作用に対する抵抗と連続投与による耐性も、生体恒常性維持が基礎になっている。

くすりの効果を学習する

経験によって、新しい反応や行動を身につけることを学習という。学習というと、学校で机に向かってする勉強を想像する人も多いだろうが、心理学では、勉強のみでなく日常生活のほとんど全ての行動を意味する。経験によって身につける行動の変化を全て学習という。英会話がうまくなるのも、水泳が上達するのも、よい人間関係を築くのも学習による行動変化である。

学習は経験を重ねることによって上達し、発達する。このことを強化という。強化によって学習が進むことを条件づけという。学習や条件づけの研究は、主に行動を指標としてしらべる。行動とは、広い意味を含み、体の意識的、無意識的な動きのみでなく、唾液や胃液分泌のような自律神経系の反応や、顔の表情の変化なども行動変化とみなされる。こころの動きや思考が表面に現れて、行動として観察されるからである。学習による行動変化には二つの原型がある。パヴロフから始まった古典的条件づけ（文献１・２）と、スキナーから始まったオペラント条件づけ（文献３）である。古典的条件づけは、ある刺激によって誘発される反応であり、オペラント条件づけは、ある欲求を満たすために起こる自発的行動である。両者の関係を人間関係に例えると、古典的条件づけによる行動変化は、相手の信頼に応えようとする反応であり、オペラント条件づけによる行動変化は、信頼関係を築くためにおこる自発的行動、ということも出来るであろう。古典的条件づけとオペラント条件づけの原理を応用して、よりよい人間関係を築き、マイナス思考をプラス思考に変え、病的な行動を修正し、認知症の進行を防ぐことなども可能である。

くすりを投与すると、くすりがからだの中で作用を発揮し、その作用が刺激になってこころとからだが反応する。従ってくすりの効果の条件づけは、主に古典的条件づけである。麻薬や覚醒剤の中毒になって、こころとからだを壊し、麻薬や覚醒剤を不正に入手し、注射するようになると、欲求を満たすためにオペラント条件づけにより誘発された行動と、こころとからだがくすりに反応する古典的条件づけの組み合わせ学習が発達する。

くすりの効果と古典的条件づけ

近代心理学の歴史において最も功績のある研究者の一人であるパヴロフは、薬理学（くすりの作用とからだのメカニズムを研究する学問）を研究していたが、途中から生理学教室に移り、消化液の分泌に関する研究を行った。

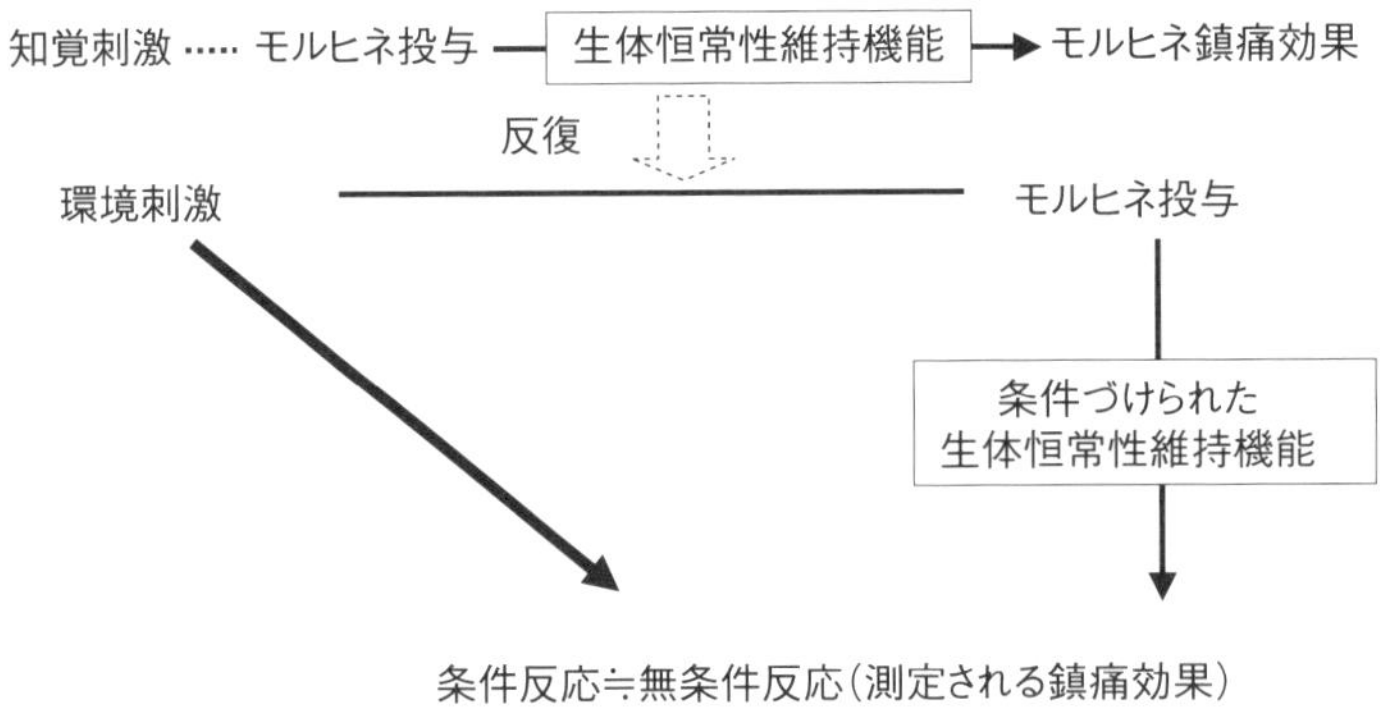

図 3　麻薬効果の古典的条件づけの基本構造

パヴロフは「生物のからだは、神経やホルモンの働きによって、全体として調和した反応をする」、そして「生物は環境に適応する」と考えて実験した。彼は実験用のイヌについて消化液の分泌の研究を進めるうちに、空腹のイヌは食べ物を口に入れた時だけでなく、食べ物を見たり、匂いをかいだりするだけで唾液を分泌することに気づいた。心理的刺激が生理的分泌機能に働きかけたのである。おいしそうなものは理屈抜きに食べたくなる。

イヌにメトロノームの音と食べ物を対にして与える操作を繰り返すと、イヌはメトロノームの音を聞いただけで唾液や胃液を流すようになる。食べ物を無条件刺激、食べ物を口にして唾液や胃液の分泌が促される反応を無条件反応という。メトロノームの音を条件刺激、それによって誘発された反応を条件反応という。食べ物をモルヒネに置き換えて示すと図3のようにな

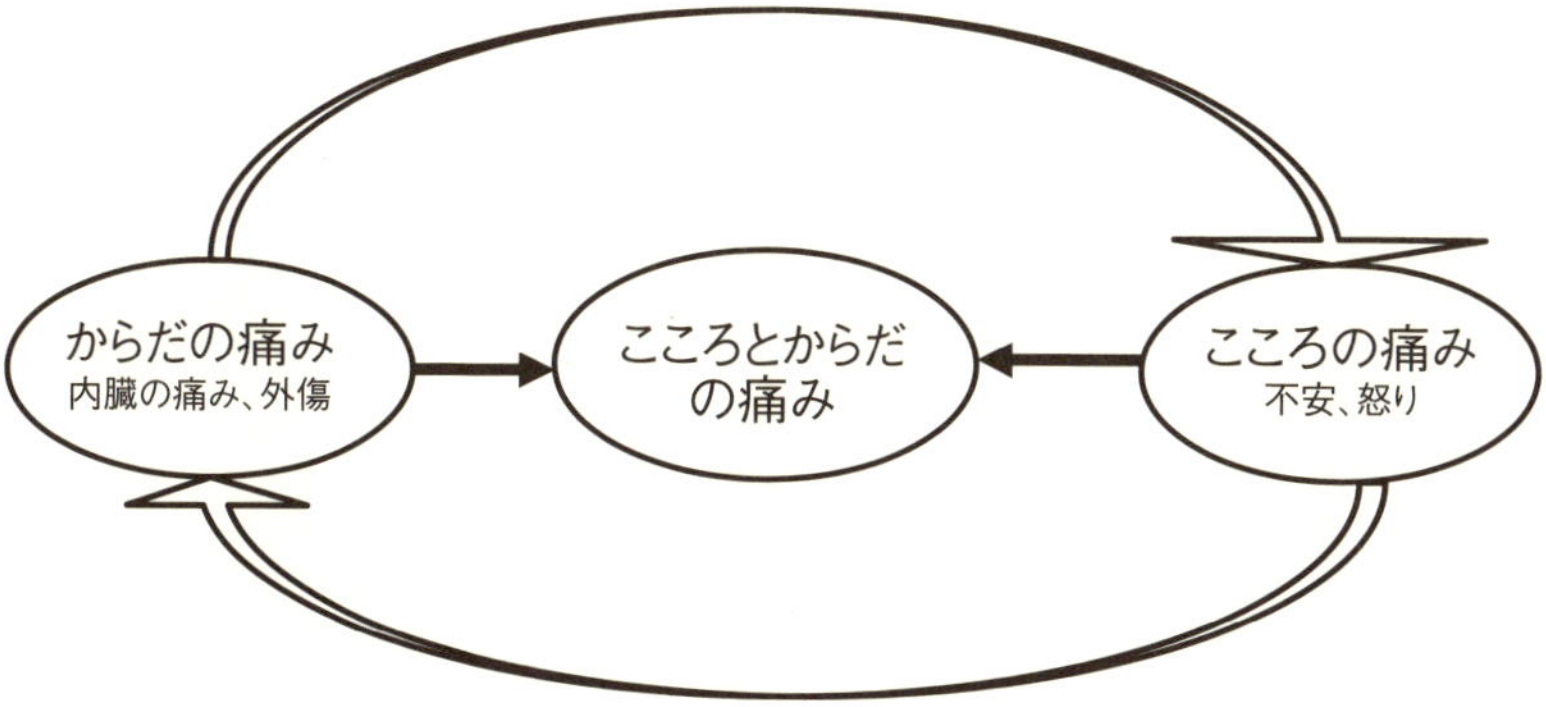

図４　からだの痛みとこころの痛み

る。メトロノームの音や環境刺激のように、最初は個体にとって何の意味もなく、反応を引き起こさなかった刺激が、脳の中で無条件刺激と結びついて、反応を起こすように条件づけられることを連合学習という。

からだの痛みとこころの痛み

痛みはからだとこころに密接に関係している。痛みは、体のどこかに異常が発生したことを知らせるために必要な信号である。手当てを始めても、異常がある限り痛み信号は続く性質がある。痛みは、こころとからだに強いストレスを与えて、不安、恐怖を増大させ、不安、恐怖は痛みを増幅するという悪循環が生じ、無駄な消耗を強いられる。癌の痛みなどがこれにあたる。痛みは数字で測定できないので、他人に苦しみが分からず本人を苛立たせる（図４）。

動物に対する痛みの評価は、必要最小限の痛み刺激

（正確には侵害受容刺激という）に対する反応（仮性疼痛反応という）を指標にする。痛み刺激を与える方法として、尾を圧迫する機械的刺激、熱刺激、化学物質を体内に注入するなどの方法が行われる。

麻薬、覚醒剤の条件づけ

強い鎮痛作用をもつモルヒネは、特殊な場合を除いて一回投与で終わることはなく、痛みを抑えるために連続投与する。麻薬や覚醒剤をラットやマウスなど実験動物に与えると、ヒトと似た反応が起きる。くすりは本来、目的に合った作用をからだに与えるので無条件刺激になる。くすりと前述の五感に対する刺激や、快・不快、不安・恐怖などの原因となる環境（文脈）刺激を対にして、人や動物に与えるとする。この環境刺激は、それ自体始めは意味を持たないが、同じ環境でくすりをくり返し投与すると、くすりの作用（無条件刺激）と環境刺激（条件刺激）が脳の中で無意識に結びつき、連合学習が生じる。その結果、その環境にさらされただけで、くすりがあたかも与えられたかのような抵抗反応を示すようになる。連合学習が成立した後に同じ環境にさらされても、くすりが体に入ってこない（注射しない）状態を繰り返すと、成立していた学習は徐々に消去される。この現象は、くすりを使用しない学習における消去操作と同様である。

からだが異常な状態では、生体恒常性維持機能による抵抗が既に働いているので、くすりに対する抵抗は弱い。あるいは効果が増強されることもある。つまりくすりは健康な状態では効きにくいが、病気のときはよく効く傾向がある。寝室に行く前に睡眠薬を飲まないと寝つきが悪い人が、知らされずに外観が全く同じで、中には乳糖が入ったカプセルを飲んで、いつものように床に入っても、六十パーセント以上の人が眠れるというデータがある。これはプラセボ（英語発音はプラシーボ）効果という。プラセボはラテン語の「私は満足するだろう」という意味である。外観上、患者を満足させるために与えられるくすり、という意味である。軽い不眠はプラセボで治ってしまう。くすりの効果を学習すると、その効果に対する期待感が生まれて、プラセボでも効果があるようになるのである。くすりが入っていないプラセボを与え続けると、学習した効果は次第に消去されていく。これはパヴロフの条件づけにおける消去操作に相当する。くすりの効果比較試験で、重い不眠症の人にプラセボを投与し続けると、症状が悪化する場合がある。このような時は、作用の弱い入眠薬（活性プラセボ）を投与する。活性プラセボに対して、作用のないプラセボを不活性プラセボというときもある。

耐性、依存性、再燃

くすりは一般的に言えば、条件づけられにくい方法で使用するように定められている。定められた量や投与間隔に従わないと、副作用や耐性が生じやすい。特に麻薬の場合、それが著しい。陶酔・快感のために乱用されやすい覚醒剤もそうである。これらのくすりを繰り返し経験すると、陶酔感、幻覚などの精神・身体的な依存が、からだの機能に組み込まれ、中断すると強迫観念、痙攣、呼吸困難などの退薬症状が起こる。一旦、麻薬や覚醒剤に手を染めたら自力では止められない。なんとか立ち直ったかに見えても、以前の条件刺激（投与していた環境）に遭遇したり、疲労などがきっかけで、突然症状が燃え上がる、いわゆる再燃現象（フラッシュバック）が起こる。これらに似たような現象は、動物でも実験的に認められる。麻薬、覚醒剤、シンナー、マリワナなど、強弱はあるものの似た性質を持つ。

くり返し経験時の生体恒常性維持

一九七〇年代前半ソロモンとコービット（文献4）は、刺激をくり返し経験すると生体恒常性維持機能が増大することを、「相反過程理論」（または拮抗過程理論）として説明した。「相反過程理論」は、こころとからだの内部反応の経験による発達を心理的に表したものと解釈できる。図5において、「a」はからだに対する刺激であり、くすりの作用がこれに相当する。「b」は刺激に対するからだの抵抗反応である。生体がくすりの刺激「a」を受けると、これに抵抗するからだの反応「b」が生じる。この「b」が生体恒常性維持機能に相当する。図5

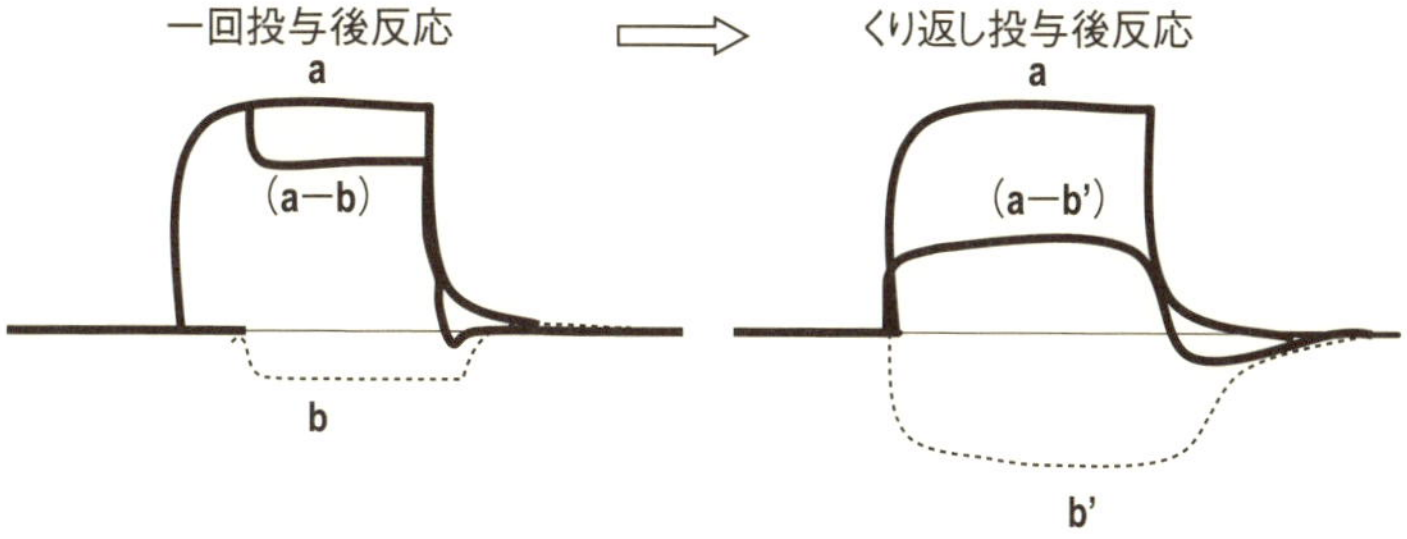

刺激に対する直接的な身体の反応「a」
刺激に対する身体の拮抗的な反応「b」　＝　生体恒常性維持機能
「b'」はくり返し投与後

図5　くすりの効果に対する内的条件づけの基礎理論：相反過程理論

の左は一回刺激の時、右はくり返し刺激したときである。刺激の強さは一定とすると、刺激を繰り返す中に、抵抗反応は増大していくことを示している。この増大する生体恒常性維持機能は、麻薬や覚醒剤に対する耐性や依存性を、学習心理的に説明するのに都合がよい。モルヒネは初めて投与した時は不快な気分になるが、繰り返し投与すると弱い陶酔感を与える。モルヒネに似たヘロインは初回投与から陶酔感を与える。これらのくすりは、続けて投与すると耐性が生じる。耐性の理由として、薬理的には、代謝促進、細胞や薬物受容体の変化など、からだの適応反応があげられる。薬理的と学習心理的説明のどちらも、基本的にはくすりに対するからだの反応は、生体恒常性維持機能の介在によって生じるという点において同じである。ただ学習心理的解釈では、その機能が経験によって増大する反応であり、その理由を内的条件づけに関連づける点において異なる。

条件反応としての薬物耐性

一九七〇年代半ばシーゲル（文献５）は、条件づけられた生体恒常性維持機能を、くすりに対する耐性と関連づけて、環境刺激（条件刺激）によって誘発される反応を「補償的条件反応」と呼んだ。典型的な例として、生体が、モルヒネを環境刺激（条件刺激）と対にして繰り返し経験すると、くすりの効果と環境刺激との間に連合学習が発達する。モルヒネの投与量を一定にすると、作用は一定である。一方連合学習は発達し続ける。くり返しモルヒネを投与すると、モルヒネ作用の発現に先立って、環境刺激（条件刺激）によって活性化された生体恒常性維持機能による抵抗（補償反応）が、鎮痛効果を減少させ続ける。パヴロフの古典的条件づけを思い出してほしい。連合学習が発達するにつれて、餌がなくてもイヌは条件刺激としてのメトロノームの音に敏感に反応し、副交感神経が刺激されて、条件反応としての唾液や胃液分泌量が増大する。くすりの連続投与においても同様に、条件刺激としての環境刺激とくすりの作用との連合学習が発達し、作用に抵抗する補償反応としての耐性が増大する。このように条件刺激は、くすりの薬理作用を予想して、生体恒常性維持機能を活性化させてからだの状態変化に備える。この抵抗機能が発達する結果として、鎮痛作用は圧迫されて、得られる薬効は小さくなる。これが条件反応としての耐性であり、効果を得るためにはより多くの量の摂取が必要になる

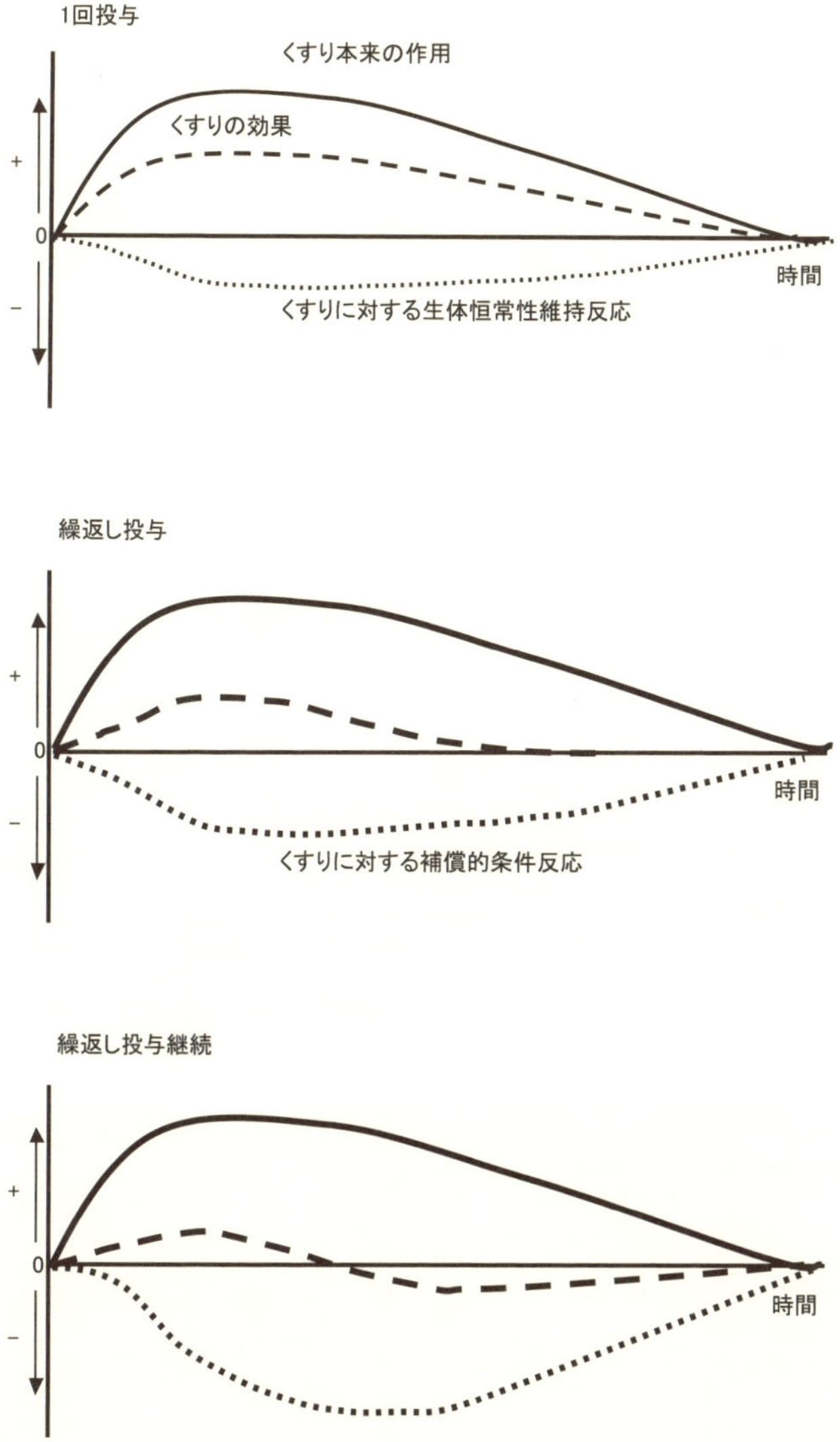

図６　くすり本来の作用に対する補償的条件反射の増大による効果の減少（耐性の発達）

（図６）。補償的条件反応の条件づけが、耐性形成のみでなく依存性や退薬症候群（くすりの中止時現れる様ざまな、ときに全身痙攣など激烈な心身症状）にも関連していると考えられている。

耐性や依存性が条件づけられて、大量のくすりが必要になった後に、全く異なる環境でくすりを摂取すると、補償的条件反応を引き起こす環境（条件刺激）が存在しないので、耐性や依存性が失われ、過剰な薬理作用が生体を死に至らしめる危険性がある。癌の痛みに対してモルヒネ注射を受けていた患者の死亡例をしらべたところ、いつも寝室で与えられていたモルヒネが、その日は居間で与えられていたという報告も紹介されている（文献６）。補償的条件反応は、実験条件によって結果が大きく変わるので、耐性や依存性に対する関わりの程度について、慎重に考慮する必要がある。

耐性・依存性の学習心理的制御の新しい試み

モルヒネに対する鎮痛耐性や依存性を抑えて、有効性を維持させるには、環境刺激とモルヒネ投与との間の、連合学習を阻止する操作を行うとよいことがわかる。基本的に重要なことは、くすりは本来病態時に使用することを考慮すべきである。筆者は、慢性疼痛ストレスモデルラットにおいて、毎回、新規な環境刺激（ボックス内の空間的・触覚的形状、香り、明度など）の中で、モルヒネを投与した。その結果、耐性や依存性は著明に抑えられることを明らかにした（文献7）。これは慢性疼痛ストレスが、記憶の処理過程を妨げた結果であると考えられる（文献8）。臨床場面を想定すると、環境刺激として視・聴・嗅覚刺激、医師、看護師、対話などの人関係を毎日変化させることで期待する効果が得られるであろう。それでも耐性が生じた時は、消去操作を行い、強い効果を復活させる。消去操作中に痛みが強い時は、作用は弱いが耐性を生じない活性プラセボを投与する。このように従来行われてきたくすりの持続注入などの薬理的手法に、心理的操作を組み合わせて、効果や耐性をコントロールする新しい方法が関心を持たれてきている。

麻薬・覚醒剤の条件づけ研究の最先端

補償的条件反応は、なぜモルヒネにおいて強く現れるのであろうか。この点に関して筆者は、モルヒネは記憶を促進すること、しかもその記憶促進には、薬理的および心理的耐性、ならびに依存性が生じないことを見出した（文献9）。この結果をもとに、記憶阻害による耐性の制御仮説を立て、認知学習的実験を行った結果、仮説の妥当性が証明された。この研究は特に海外で注目されている。現在、フラッシュバックの阻害について検討している。従来絶望的と考えられていた、麻薬・覚醒剤依存症からの、健全な社会復帰が可能になる日が来るであろうと期待される。

文献

1　Wells, H. K.（1956）. *Ivan Pavlov: Toward a scientific psychology and psychiatry.* New York: International Publishers. 中田実・堀内敏訳『パヴロフとフロイト』、名古屋：繁明書房、一九六六年。

2　土江伸誉「Pavlov の条件反射学説」、今田寛監修・中島定彦編『学習心理学における古典的条件づけの理論—パヴロフから連合学習研究の最先端まで—』、東京：培風館、二〇〇三年、一—一二頁。

3　Skinner, B.F.（1938）. *The behavior of organisms.* New York: Appleton-Century-Croft.

4　Solomon, R. S., & Corbit, J. D.（1974）. An opponent-process theory of motivation : I. Temporal dynamics of affect. *Psychological Review, 81,* 119-145.

5　Siegel, S.（1975）. Evidence from rats that morphine tolerance is a learned response. *Journal of Comparative Physiology and Psychology, 89,* 498–506.

6　中島定彦「補償反応の条件づけ」、今田寛監修・中島定彦編『学習心理学における古典的条件づけの理論—パヴロフから連合学習研究の最先端まで—』、東京：培風館、二〇〇三年、八三—八五頁。

7　Nakama-Kitamura, M.（2002）. The role of contextual cues on counterirritation in the development process of analgesic tolerance with morphine. *Life Sciences, 72,* 531−540.

8 Wagner, A.R. (1981). SOP: A model of autonomic memory processing in animal behavior. In N.E. Spear & R.R. Miller (Eds), *Information processing in animals : Memory mechanisms.* (pp.5−47). Hillsdale, NJ : Erlbaum.

9 Nakama-Kitamura, M. (2005). The N-Methyl-D-aspartate receptor antagonist dizocilpine inhibits associative antinociceptive tolerance to morphine in mice : Relation with memory. *Journal of Pharmacological Science, 97,* 75−82.

第4章 においを感じる心のしくみ

鈴木まや

においという感覚の特徴

人間の五感の中でも、においの感覚は、視覚や聴覚と比べて必ずしも序列が高くない。においという刺激が、人間にとってどのような役割を持つかを浮かび上がらせるのにあたり、まず、その生物学的、進化的、文化的意義を考える。生物の進化の階梯の中で、哺乳動物について考えるが、危険の探知、病気、生殖、といった、生命保全のために、においには重要な役割があった。感覚受容体遺伝子の数からいっても、嗅覚の遺伝子は哺乳類のゲノムの中で最大の族を形成しており、いかに嗅覚が重要であったかということがわかる。

しかしながら、ヒトでは、においという感覚の役割が低下している。フロイトは、直立歩行と関係させて嗅覚より視覚が優勢となったと考えたが、これに近いことが遺伝子の研究で明らかとなっている。霊長類の嗅覚受容体遺伝子の中の「偽遺伝子」の割合を調べて、それが三色視の獲得と関連して増加することを明らかにした研究がある。偽遺伝子とは、突然変異や部分的な欠損などによって、正常に機能するたんぱく質を作れなくなった遺伝子のことで、ある生物における偽遺伝子の割合の多さは、その遺伝子のつかさどる機能がその種にとって重要ではなく、退化したということを示すと考えられている。恐竜が闊歩していた中生代には、哺乳類の多くは夜行性であったが、恐竜の絶滅と共に一部の哺乳類は昼行性となった。太陽光の下では、色の分解能が高いほうが適応的で、それまで二色視であった旧世界ザル、類人猿、ヒトは、三色視を獲得したらしい。類人猿の中でも、人の偽遺伝子の割合は飛びぬけて大きく、それは、脳の発達に伴い、記憶力、情報伝達能力が増し、嗅覚の地位が相対的に低下したからだと考えられている。その結果、生命保全に関わるという本来の役割がかたちをかえて、安全や健康と関係するという発想となって息づいているのではないか。

人類の歴史を振り返ってみると、科学前史におけるにおいの位置づけが興味深い。永遠の生命を願って作られたミイラという語は、没薬《もつやく》といわれる樹脂ミルラから来ているという説がある。これは mummy が日本語化したときの混同であると考えられているが、いずれにしても、ミイラの防腐処理のために没薬をはじめ大量の芳香物質が使われたのは確かなことである。芳香物質は、死体の腐敗の進行を遅らせるばかりでなく、死者を「香り高きもの」、つまり神に変えるという重要な役割があった。没薬はキリストの誕生を祝ってやってきた東方の三博士の贈り物のひとつで、後の二つは、黄金と、乳香である。三つのうち、二つが芳香物質だったということは、いかにそれらが貴重なものであったかということを示す。では、香水の語源は何だろうか。これは、ラテン語の per fume から来ていて、元は、「煙を通して薫ずる」という意味である。パヒューマーの仕事は、ペストなどの伝染病患者の家を薫蒸によって消毒し、浄化することで、保健・衛生的な役割を持っていたのである。

薬としての芳香物質の歴史も古く、西洋では中世修道院で発達したハーブを中心とした薬草園が、東洋ではもっと古く、インドのアーユルヴェーダや、漢方薬がすぐに思い浮かぶ。一種の心理療法の古典例だと思うが、日本では、江戸中期の臨済宗の僧侶である白隠禅師が、「軟《なん》蘇《そ》の法」という法を用いて、自身の神経症と思われる病気を治したという記述が残されている。その法では、やわらかい酥《そ》（バター）でできた丸薬を頭上にのせて、これがゆっくり溶けて頭全体から肩、手、内臓を経て両足まで暖かく潤していくということを想像する。丸薬は実際に使用せず、想像するだけなのである。その丸薬は、なんとも清い色をしていて、よい香りがし、そして溶けた薬が身体各部にいきわたり、足の裏まで到達すると、さらに、香りのよい病気によく効く薬をお湯で煎じたものに両足を浸していると想像する。これは現代の自律訓練法にも通ずる手法と思われるが、暗示を修飾するものににおいのイメージが繰り返し用いられている点が興味深い。

　これらのことを踏まえて、心理学の視点からにおい感覚の特徴を考えると、生命保全の役割という名残から、感情との密接なつながりがあるということ、それと、大脳化が進み、感覚の中での役割が相対的に低下したことから、知識や思考による認知的影響を受けやすいということになろう。

においの情報伝達メカニズム

　大気中に浮遊することのできる、揮発性の化合物の分子の一部が鼻や口から鼻腔の最上部にある嗅粘膜の嗅細胞を刺激し脳へと信号が送られて感覚として成立するものをにおいと呼ぶが、においを放つ分子であるにおい物質の多くは、三叉《さんさ》神経など、他の神経をも刺激する。嗅細胞は、脳との間を仕切る篩骨篩板《しこつしばん》の間隙から大脳の深部より眼窩《がんか》に向けて突出している嗅球へと軸索を伸ばしている。反対側のデンドライトが入力突起で、嗅粘膜上に伸び、その先の膨らんだ嗅小胞と呼ばれるところに繊毛《せんもう》が生えている。嗅粘膜は支持細胞やボウマン腺から分泌される粘液で覆われているため、におい物質は水溶性が必要となる。この嗅細胞の寿命は数週間で、次々と新しいものに入れ替わる。

においの受容は繊毛で行われている。嗅粘膜に達したにおい物質は繊毛にあるG蛋白共役型7回膜貫通型リセプター蛋白（におい受容体）に結合する。その結合に始まる繊毛内の一連の酵素系の反応の結果、サイクリックヌクレオチド感受性チャネルが開く。このチャネルからは正の電荷を持つカルシウムイオンやナトリウムイオンが流入し、細胞内の電位は上昇する。また、カルシウムイオンは塩素チャネルに作用し、負の電荷を持つ塩素イオンが流出し、膜電位の上昇に寄与する。電位が上昇すると、細胞体や軸索から活動電位が発生して、信号を脳へ伝達する。二〇〇四年のノーベル医学生理学賞を受賞したバック博士とアクセル博士の研究（文献1）により、このにおい受容体をコードする遺伝子がクローニングされ、受賞はその功績をたたえたものであった。現在では、その遺伝子の数は、人で三九〇弱あるということがわかっている。

さて、嗅神経からの情報は脳の嗅球へ投射されるが、嗅細胞から投射してきた神経軸索は、嗅球の中で第二次ニューロンである僧帽細胞、房飾細胞とシナプス結合する。そして、同じ種類の受容体を発現するものから到達した軸索は、嗅球の中でひとかたまりとなって糸球体とよばれる球形の神経叢《しんけいそう》を形成している。隣り合った糸球体は、機能的にも似通ったにおいに応答するものが近接しており、近接した糸球体をつなぐ抑制系の細胞の働きにより、二つの刺激の分解能を高めるといわれている。

嗅細胞には一種類のにおい受容体しか発現しないが、におい受容体は複数のにおい分子と結合する。におい分子が受容体を活性化する時空間的パタンがにおい情報の統合に寄与する。すべての受容体は嗅粘膜に均一に広がらず、ねずみの場合四、五箇所のゾーンに分かれていて、約千のうち四分の一はゾーン一、他の四分の一はゾーン二……といったグループに分かれており、嗅球もゾーン分けされているということが明らかになっている。

解剖学による研究からわかってきたことだが、嗅神経系の第二次ニューロンが次の神経細胞とシナプス結合する場所が、嗅覚の一次皮質と考えられている前梨状《ぜんりじょう》皮質、扁桃体《へんとうたい》、嗅内皮質などの領域である。中でも前梨状皮質は重要で、嗅皮質内外の他の領域との入出力も多い。大脳新皮質の中の前頭眼窩《ぜんとうがんか》皮質が嗅覚の二次皮質といわれている。嗅細胞から一次皮質、二次皮質と上位へ行くほど、においの識別が進むことが明らかとなっている。嗅細胞からの情報が二つめのシナプスで到達する扁桃体は、外的刺激の生物学的意味（報酬性または嫌悪性）を判断し、情動の発現にかかわる部位である。一次皮質からの投射を受ける領域の中でも、海馬は、記憶、環境の新情報を新皮質に保存された情報と照合する役割を持ち、扁桃体へも入力があることが知られている。同じく一次皮質からの情報を受ける島は、内臓感覚や味覚と関連する部位である。このように、生理学からも、におい情報が感情や新奇情報の判断や記憶と密接なつながりがあることが示唆されている。

におい知覚と経験

神経生理学的研究からも、においの弁別が経験によって促進されることが示されている。嗅球は化学的な特徴検出の役割を持ち、前梨状皮質は統合的なプロセッサーの働きを持ち、学習機能があると考えられている。いささかイメージ的になるが、におい情報の統合という経験によるプロセスを経ることによって、たとえば公園にいて犬のにおいを嗅いだ場合、公園にあるにおいや、犬のにおいを知らない人は、いろいろなにおいを感じるだろうが、知っている人は、公園で犬のにおいがしたと知覚することができる。視覚的に示すと図1のようになる。このように、経験が知覚に及ぼす影響は大きい。

さて、視覚における色覚異常のように、嗅覚では特異的無嗅覚症がある。特異的無嗅覚症の代表的な物質に、アンドロステノンという物質があるが、これは、強く感じる人と、全く感じない人と、弱く感じて、そのにおいの質も強く感じる人とは異なるという人に分かれる。そのアンドロステノンに対して感度の低い被験者を用いた研究で、何度も繰り返してかぐと、感度が向上するという報告がある。実際に嗅覚の事象関連電位や、嗅粘膜上の電位を測定し、末梢レベルで感度が向上するという報告がある。これに対し、片鼻だけを刺激した場合でも、もう

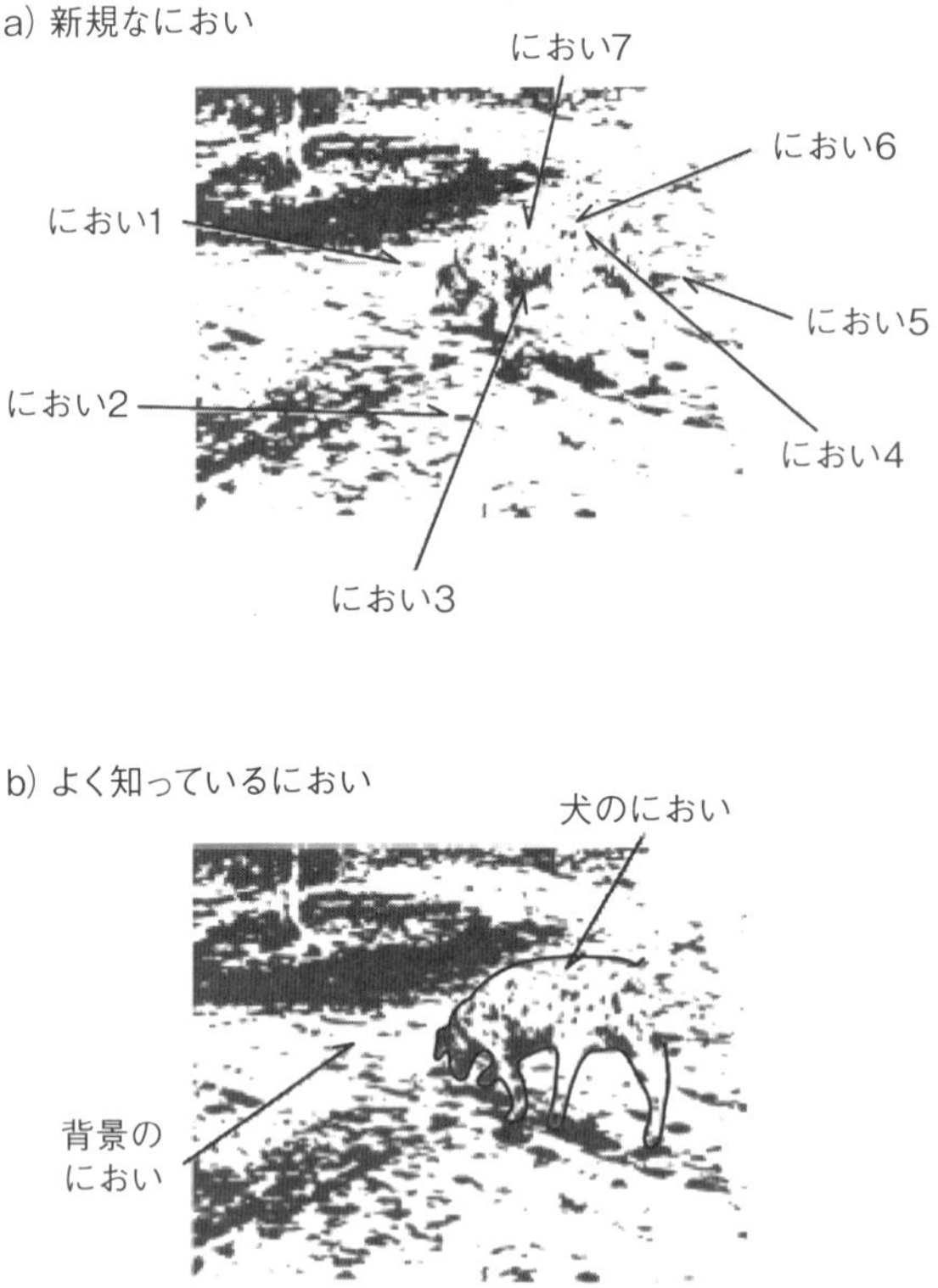

Wilson & Stevenson (2003) を改変

図1　におい知覚は経験によって変化する。

片方の鼻の感度がよくなるという中枢要因説もある。

心理学での経験とにおいの知覚のかかわりに関する研究では、知覚学習によって、においの弁別力が向上することが知られている。先に述べたアンドロステノンの例と矛盾するようだが、もともと正常に嗅ぐことのできるにおいに関しては、経験によって閾値が低下することはなく、たとえば、ソムリエや調香師でも、特に感度がよくなるということはない。能力は弁別力の問題のようである。図1の出典（文献2）となった研究の著者らは、嗅覚は統合的な感覚であるということを主張しているのだが、彼らの実験では、チェリーのにおいに煙のにおいを少し混ぜて被験者に提示することを繰り返すと、その後、チェリーのにおいだけをかいでも、そのにおいを評価させると少しスモーキーなにおいであると評定するということを示し、においの質の評価も獲得的側面があることを報告した。

他にも、条件づけでは味覚嫌悪学習が有名だが、嗅覚を用いた場合では、味覚のときほど強く反応が形成されないということが知られている。ところが、味覚を嗅覚と同時に提示すると、その後、においだけを提示した場合、嫌悪反応が強く出ることがある。これを味覚増強性嗅覚嫌悪という。この現象は、味刺激が食物摂取と深いかかわりがあり、生命の維持のためには毒性のあるものを避けるという適応的な行動をとる、ということと整合する。つまり、一度でも毒性を疑わせる食物または飲料を摂取したという経験をすると、二度と同じことにならないように、その物質を特徴づける刺激を避けるというわけである。このような場合、過剰な忌避《きひ》が適応的な行動となる。また、母乳や血液を介して乳児や胎児がにおい物質を経験すると、そのにおいを嗜好《しこう》するようになることも知られている。

においの嗜好と忌避

前項に嗜好と忌避の形成の一端を紹介したが、それ以外に、においの嗜好や忌避はどのような要因でもたらされるのだろうか。ある文化的・社会的背景の下に、知識や記憶を持つ人が、ある環境の中で存在し、そこに、においがやってくると、知識、記憶要因と、環境要因の相互作用により、トップダウン的、あるいはボトムアップ的の両方のプロセスを経てにおいの知覚が成立する（図2、文献3）。そして、その時点の知覚が知識、記憶として蓄積され、長期的に快不快評価への影響をもたらすこともあれば、その場限りの一過的な影響しか持たないこともあろう。嗜好を変化させる要因の一つの例は、単純接触効果である。日本人にはなじみのないアニス茶を繰り返し摂取させると、親近度と、快評定の両方が増大するという研究例がある。摂取しても危険ではなかったものは、安全であるという信号になり、好意的に位置づける、というのは適応的である。条件づけの例では、先に紹介した味覚増強性嗅覚嫌悪によって、においが嫌いになる。また、評価条件づけは次項で述べる。

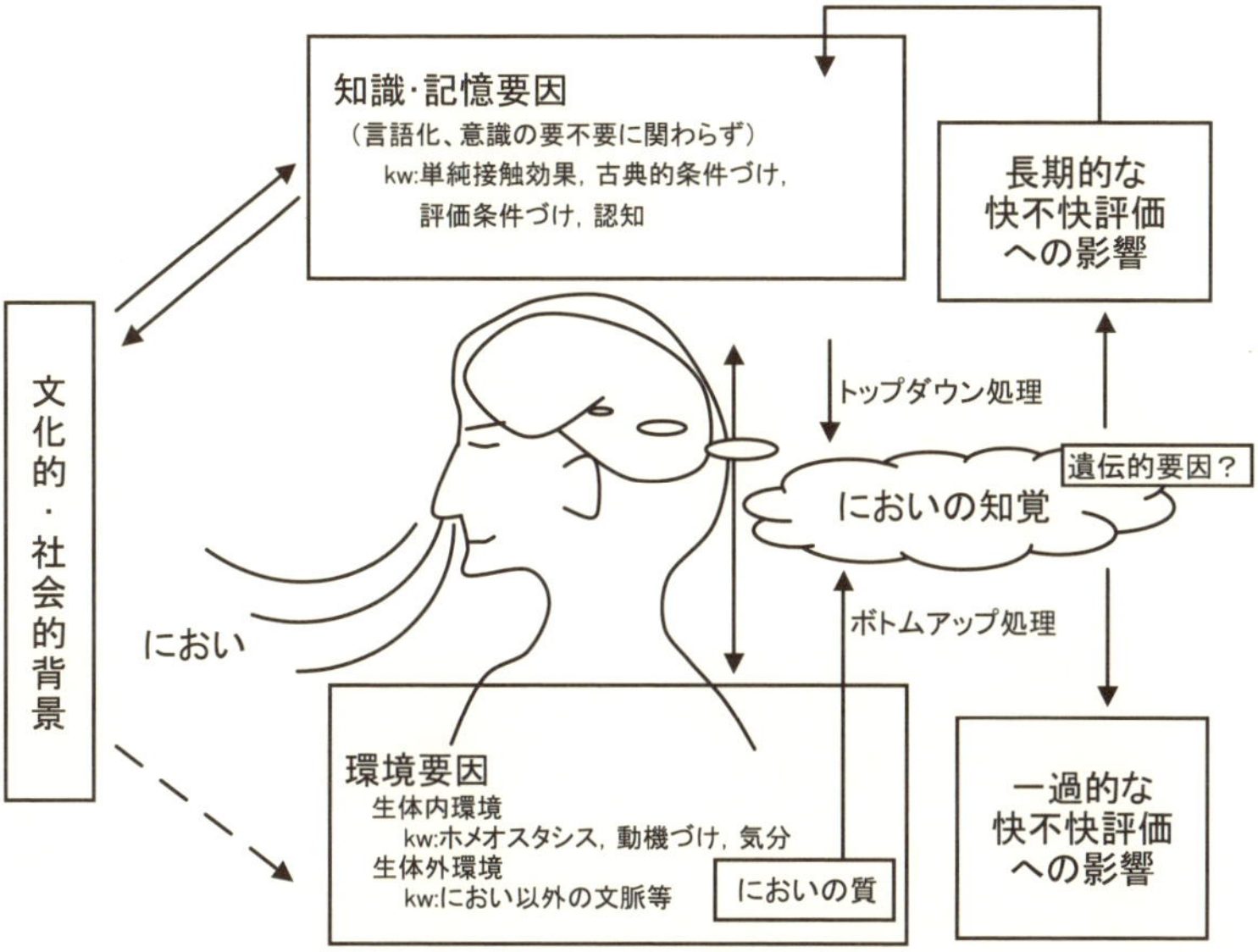

鈴木・八木(2005)より転載

図2　においの嗜好と忌避のメカニズム

記憶や思考、あるいは期待などによる認知的要因では、古くは、講義中に教卓でにおいの入っているとされる瓶を開けると、実際は何も入っていないのに、においがきつくて不快だという人まで現れたという報告がある。同じにおいに違うラベルをつけると、たとえば、酸味のある不快臭にパルメザンチーズというラベルをつけた場合と、嘔吐物というラベルをつけた場合で、そのにおいに対する不快感はかなり異なるという例もある。また、においを用いて過呼吸様症状を条件づける実験では、一般に、不快なにおいでないと、条件づけが成立しないとことが多いが、あらかじめ化学物質過敏症についての情報を与えられると、不快臭だけでなく、比較的快いにおいに対しても症状が条件づけられることも示されている。これらは、大脳化の進んだヒトならではの要因である。

体の内部環境を安定した平衡状態に維持する働きであるホメオスタシスが影響する例は、空腹なときと満腹なときでは、食べ物のにおいを快いと感じる程度が異なるという例がわかり易いだろう。いくら好きな香水のにおいでも、炊飯器のふたを開けたときに、そのにおいがすると不快であるといった文脈も影響する。また、においの強度は快不快度と関連があり、一般に低濃度では快く感じるにおいでも強度が高いと不快に感じやすく、においの質そのものの要因も大きい。

評価条件づけ

においの快不快評価に長期的な影響を持つものとして、評価条件づけがある。評価条件づけとは、無条件に快不快を感じる刺激（無条件刺激）と中性的な刺激（条件刺激）の対提示により、無条件刺激に対する感情価が条件刺激への評価を変動させるという現象で、さまざまな刺激での研究例がある。そして、先行研究から、

1　五回以上の対提示で頑健な効果がでるということ
2　消去されにくいということ
3　随伴性の意識を要しないこと（これには異説もある）
4　準備性や所属性などが重要であること
5　社会的無条件刺激が重要であること

などが示されているが、特に快方向へは結果が出たり出なかったりで、とらえどころがないと言われている。

そこで筆者ら（文献4）は、単なる対提示に比べ、においと視覚刺激を意味的に関連づける

教示を行うと快不快の変動がより大きくなるのではないかという仮説を持って、においを感情価の高い視覚刺激と対提示する実験を行った。においの記憶の実験であるというカバーストーリーのもとに、被験者を、においと写真を意味的に関連づける群と、単に対にして記憶させる群に二分し、意味的に関連づける群には、そのにおいはその写真に写っているもののにおいであると説明した。においはあまり親しみのない快不快度の中性的なにおいを二種類用い、二種類の写真との組み合わせを変えた組を作った。写真は不快刺激としてゴキブリの写真と、中性刺激として花の写真を用いた。さらに、においと写真との対提示回数を一回とする実験と、五回の実験を行った。いずれの実験も、においの快不快度を対提示前と、対提示直後、そして一週間後に測定し、対提示前からの変化量の変動を調べた。

対提示前後での快不快度の変化量を図3に示す。対提示が一回でもゴキブリの写真と対提示されたにおいは不快な方向に変化し、評価条件づけが成立したことが示された。しかし、意味的に関連づけた群で変化量が増大するという仮説を検証することはできなかった。そして、五回提示した場合でも当然評価条件づけは成立し、その効果は、一週間後でより大きくなったことが示された。両方の実験結果をあわせた解析により、対提示回数が多いほうが、効果が大きい傾向にあったことが示された。しかしながら、当初考えていた意味的関連づけの効果は、統計的に有意なレベルに達しなかった。このような実験事態では、単なる対提示という経験であっ

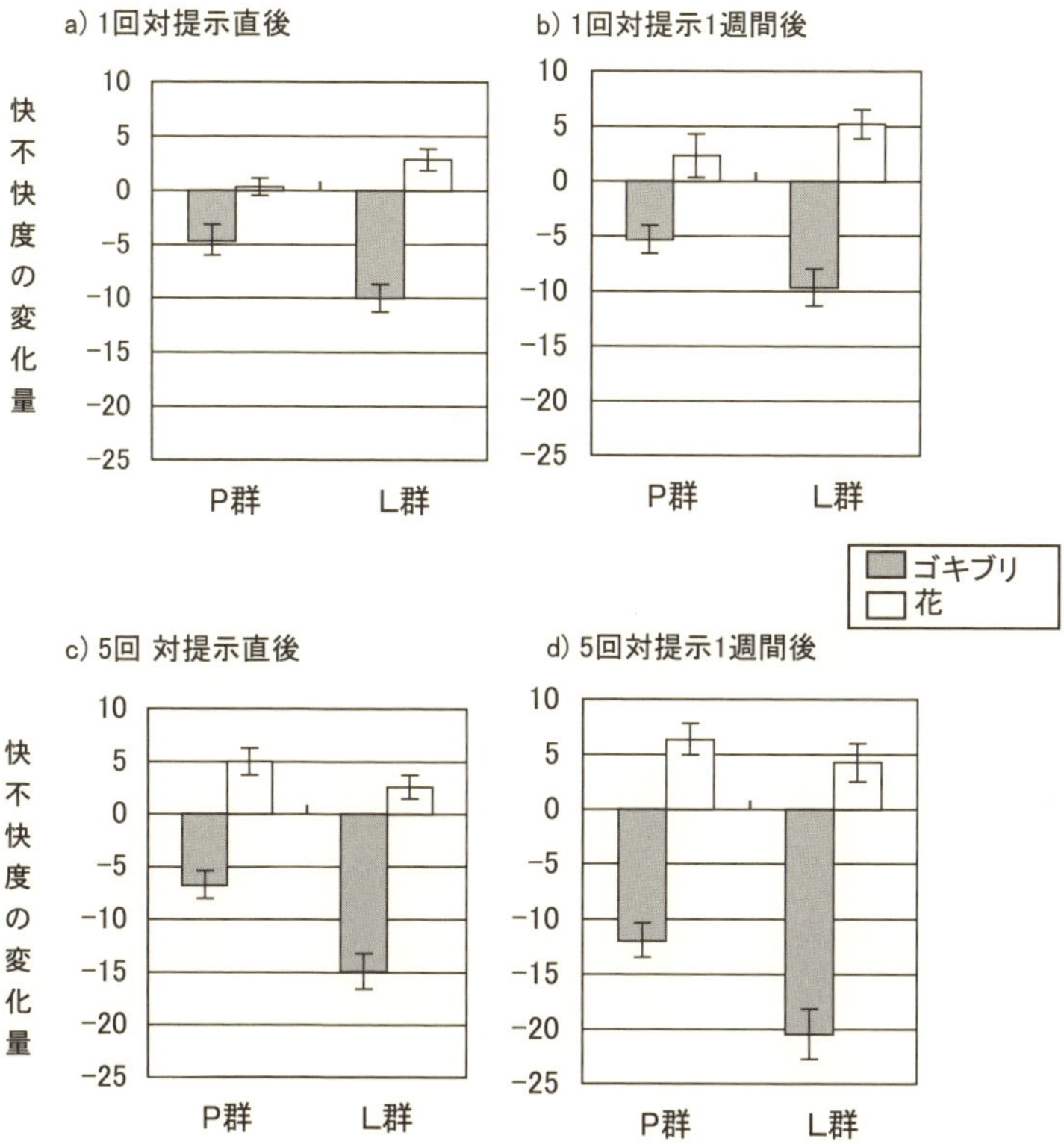

図 3　各群の対提示直後、1 週間後の快不快度の変化量

P 群は意味的関連づけなし群、L 群は意味的関連づけあり群を示す。快不快度の変化量は、80mm のスケールの評定値の変動を mm 単位で示している。

ても、十分大きな快不快度の変動がもたらされることが示された。意味的な関連づけがもっと不快感を生じさせるようなものであれば、また別の結果が得られたかもしれないという指摘もある。

心理学におけるにおい研究の応用

さて、これまで心理学の諸理論に基づくにおい知覚の関心点について過去の知見に基づき、述べてきたが、心理学におけるにおい研究が、実際にどのような場面で役に立つのかということを考えてみたい。まず一つ目が、においの快不快感の度合いを定量化するということが考えられる。これにより、製品や環境の評価のためのツールができる。もう一つが、においの効用のメカニズムを明らかにすることを通して、根拠に基づいたにおいの効用の適応範囲がおのずと浮かび上がるということである。

においの快不快度を反映する生理反応

においの快不快度の評価には、官能評価をはじめとする主観評価によるのが一般的である。しかしながら、トレーニングを受けた官能評価パネルを対象として評価をさせる場合を除くと、必ずしも主観評価の信頼性が高いとは限らない。また、産業場面では、主観評定を「アンケート調査」としてしか扱わず、データとしての価値が低くみなされる場合もある。そこで、筆者らは生理反応や行動反応で、先行研究のないものを中心に、いくつかの手法を検討してきた。そこからいえることは、不快度を反映する反応は多いが、快さの程度を反映する指標を見つけることは容易ではないということである。現時点で快不快度の指標として満足のいくものではないが、ここでは、その中の二つの実験を紹介する。

感情の表出に関わる顔面表情筋に注目した実験（文献5）では、快臭、不快臭、ブランク（においのある刺激と同じように提示するが、実際にはにおいのしない条件）の三種類の刺激を用いて、眉の付け根、鼻の付け根の横、ほほの筋の反応を測定した。仮説どおり、眉と鼻の活動ににおいの種類による反応の違いが見られ、不快であることを反映することが示された。しかしながら、いいにおいで反応するという仮説であったほほの筋の反応の増大を見ることはできなかった。

また、脳内の活動を脳磁計で測定する実験を行った（文献6）。一般に、α波はリラックスや快適感の指標であるとする考え方があるが、いいにおいで単純にα波が増大するということを示す研究は少ない。むしろ、刺激提示に同期した発振現象や、発振現象の脱同期のなかに、刺激の特性を反映した部位や周波数といった情報を得ることができるのではないかと考え、においの吸入と同期したα波の周波数帯域における活動の増減を調べてみた。においには、快臭、

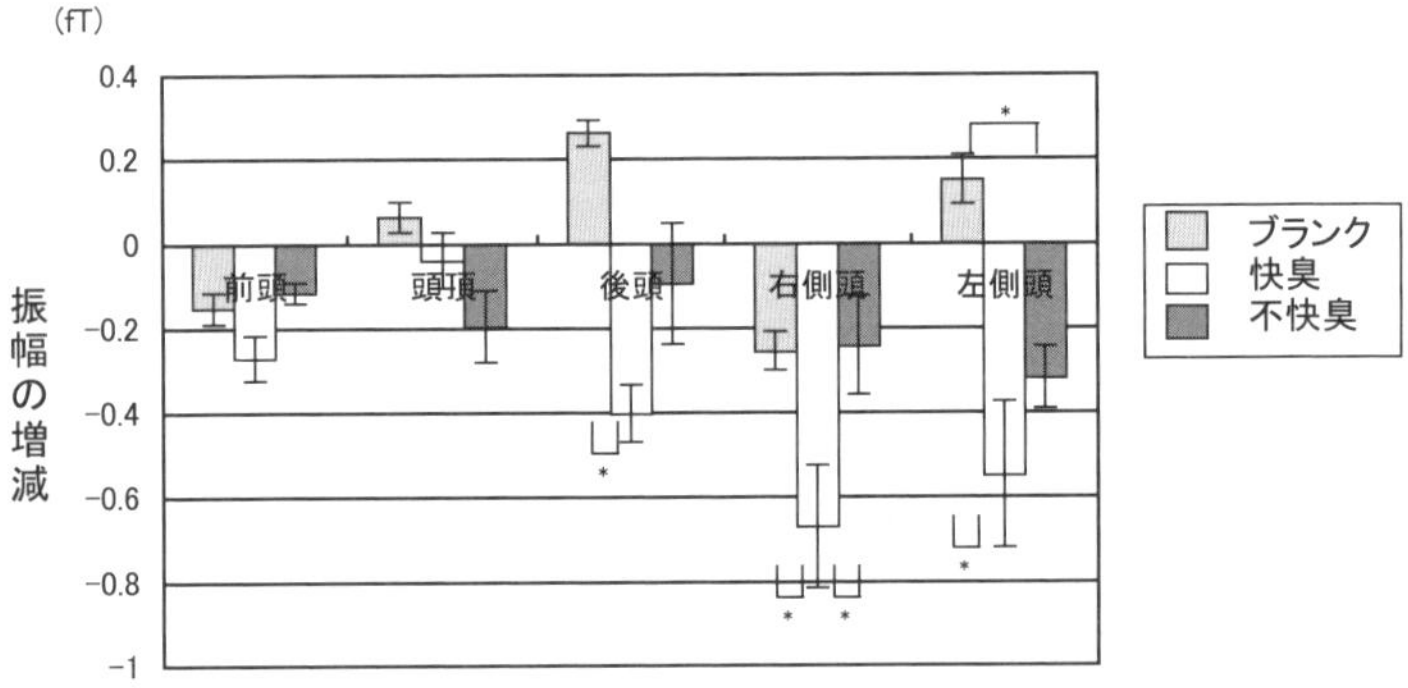

図4　におい吸入直前から直後の α 波帯域の振幅の増減

不快臭、ブランクの三種類を用いた。においを吸入する直前直後一秒強の間の α 波帯域の増減を示したものが図4である。一般に α 波の増大は脳の非活性を示し、減少は活性を示すと解釈されることが多いことから、快不快に関わらずにおいによって後頭部や左側頭部が活性化されたと考えられる。一方、右側頭部では、ブランクや不快臭と比べて快臭での脱同期量が大きく、快臭に対して活性化されたと考えられる。

近年、においの情報処理に関する脳イメージング研究の進展により、においの快不快判断に必要な分析的情報処理が左半球の扁桃体や前頭眼窩皮質で行われているということが示唆されている。本研究で用いた脳磁計は扁桃体のような脳の深部の活動を測定できるものではないが、左半球ということではその知見に一致する。また、右半球は、快いにおいで活性化されるという先行研究がある一方、においの快度というより、親近度の高いにおいで活性化されるという説もある。本研究で使用された快臭は親近度の高いにおいでもあったため、いずれの要因が影響したのか結論を下すことができない。今後の研究の発展が望まれるところである。

においの効用

各種のにおい物質が人にもたらす効用には、薬理的な効用と心理的な効用がある。におい物質が生体に取り込まれ、何らかの作用をもたらすまでの経路を考えた上でその効果を分類すると嗅覚系を介する経路による作用と、嗅覚系を介さない作用に大別される。嗅覚系を介さない作用はプラセボ（偽薬）効果を除くとすべて薬理効果と考えられる。たとえば、肺から血中に物質が取り込まれる場合や、皮膚への塗布によってその部位に直接的な作用をもたらす場合がそれである。しかし、においの効果ということになると、当然嗅覚系を介するものに限定される。嗅粘膜から中枢へ至る経路は二つに分かれる。嗅神経を通る経路と細胞間隙を通る神経外の経路である。嗅神経を通る経路はにおいの知覚の経路である。他方、細胞間隙を通る神経外の経路は薬剤の鼻腔内投与による伝達経路と同じである。後者は明らかに薬理効果であるが、前者は主に心理効果であろう。中枢に到達した情報は脳内のさまざまな部位に伝達され、その結果、自律神経系、免疫系、内分泌系での生理的な反応が生起する。同時に、主観的、行動的な反応がもたらされる。嗅神経系を介する知覚の経路では、入力された情報が記憶や経験などによる記憶と照合され、それらの要因が心理効果をもたらすと考えられる。薬理作用は、個人や状況にかかわらず再現性が高いであろうが、心理作用は、経験による影響が大きいというメカニズムによって、同じ物質を用いた場合でも、必ずしも同じように効くとはいえない。

両者をコントロールした実験は容易ではない。しかしながら、根拠に基づく効用の解明のためには、作用がもたらされる経路を明らかにし、適用範囲を明確にすべきではなかろうか。

においのストレス緩和効果

においからもたらされる心理効果として、ストレス緩和が期待される。ストレスの根幹は負の感情の発現であると考える研究者は多い。においがストレス緩和に役立つメカニズムを考えると、一種の対処法として、においを使って気分転換したり、好きなにおいを使うことで、正の感情がもたらされて、負の感情の発現が抑えられ、その結果、ストレス反応の減少に資するということであろう。

筆者ら（文献7）は、においの心理効果を検証するための実験を行った。実験では、簡単な作業ストレスをかけた後、アロマテラピーで頭脳を明晰にする効果があるといわれているローズマリーの精油か、全く何の効果も想定されない無臭の植物性オイル提示し5分間くつろいでもらった。被験者を三群に分け、ローズマリーを提示して「目が覚め、頭脳明晰になる」と教示する群、ローズマリーを提示して「眠くなって、リラックスできる」と教示する群、そして、無臭のオイルを提示して「眠くなって、リラックスできる」と教示する群を設けた。

その結果、同じ精油を用いても、「眠くなって、リラックスできる」と教示されたほうが、「目が覚め、頭脳明晰になる」と教示された群に比べ、「眠気」の項目の評定値が大きくなるという結果が認められた。さらに、同じリラックス教示の場合、においのあるほうが、においのない物質の提示に比べて、「リラックス」の評定値が高くなり、主観的な総合ストレス得点の評定値が低くなった。

まだ、予備的な実験を単純化して示した結果なので、断言はできないが、何らかの効用をもつとされる物質を提示された場合、その物質ににおいがあるほうがストレス緩和に好影響を与えるのではないか、つまり、においには、プラセボ効果を増強させる力があるのではないかと示唆される。

今後のにおい研究の発展と応用に向けて

これまでの研究により、次のことが浮かび上がってきた。まず、においの感覚は、相対的に劣位の感覚であること。そして、においの知覚は、感情や知識とのかかわりが大きく、経験に左右されやすいことである。また、健康・安全へのシグナルとなりやすく、プラセボ効果を増強する働きも示唆される。一方、客観的な快不快度の評価は容易ではなく、多面的なアプローチが必要ではないかということが示された。

食品や生活雑貨にとどまらず、空間設計や医療場面など、いろいろな場面でにおいが人為的に用いられるが、においの心理効果を期待する場合、薬理効果と違って、経験や知識による個人差や状況差があることに気をつけて適用すべきであろう。また、においの持つ健康や安全のシグナルとしてのシンボリックな力は悪影響をもたらすこともあるかもしれないことに留意すべきである。においの学習から生じた悪影響、たとえば、においがトラウマのフラッシュバックの引き金となるようなケースや、一部の化学物質過敏症の般化的な側面など、においという感覚ならではの不幸な例もあるのではないか。臨床の門外漢である筆者の無責任な弁であるが、これらのケースに対して、行動療法や認知療法といったアプローチを取ることも支援のひとつとなるのではないかと考えている。筆者の研究はいまだ発展途上であるが、においの心理効果のメカニズムを心理学の理論に基づいて紐解いていく試みが、根拠に基づくにおいの応用に役立つことを願ってやまない。

文献

1　Buck, L., & Axel, R.（1991）. A novel multigene family may encode odorant receptors: A molecular basis for odor recognition. *Cell, 65*, 175－187.

2　Wilson, D. A., & Stevenson, R. J.（2003）. The fundamental role of memory in olfactory perception. *Trends in Neurosciences, 26*, 243－247.

3　鈴木まや・八木昭宏「ニオイの嗜好と忌避をもたらす心理学的機構」、『ＡＲＯＭＡ　ＲＥＳＥＡＲＣＨ』、第六号、二〇〇五年、二四―三一頁。

4　鈴木まや・梅川依子・八木昭宏「対提示刺激によって変動するにおいの快不快度評価　―対提示回数と意味的関連づけの操作による研究」、『日本味と匂学会誌』、第一〇巻第三号、二〇〇三年、二五七―二六六頁。

5　Kato, M., & Yagi, A.（1993）. Effects of odor pleasantness on facial EMG. In K. Kurihara, N. Suzuki, & H. Ogawa（Eds.）, *Olfaction and taste XI. Proceedings of the 11th International Symposium on Olfaction and Taste and of the 27th Japanese Symposium on Taste and Smell.*（pp. 676－677）. Tokyo : Springer-Verlag.

6　鈴木まや・浜田隆史・八木昭宏「快または不快なニオイによって生じるＭＥＧのα帯域における event-related な変化」、『日本心理学会第67回大会論文集』、二〇〇三年、一〇〇六頁。

7　鈴木まや・大和薫・八木昭宏「ローズマリー精油を用いた偽薬教示がストレス緩和に及ぼす影響」（準備中）。

第5章 視覚障害とストレス

松中久美子

視覚障害とは

視覚障害には、良い方の眼の矯正視力が〇・六以下である視力障害と、両眼による視野の二分の一以上が欠けている状態である視野障害が含まれる。視力とは、眼で映像をどれくらい細かく識別できるかの能力のことであり、通常、ランドルト環（「C」の形をした図の切れ目が上下左右のどちらの位置にあるかを答える）を用いて測定され、遠見視力表は五メートル、近見視力表は三十センチの距離で、視標面は四〇〇〜八〇〇ルクスの明るさで読む。視力が人の見える範囲の中で最も感度が高い部分の解像度を示すのに対して、視野とは視線を固定した状

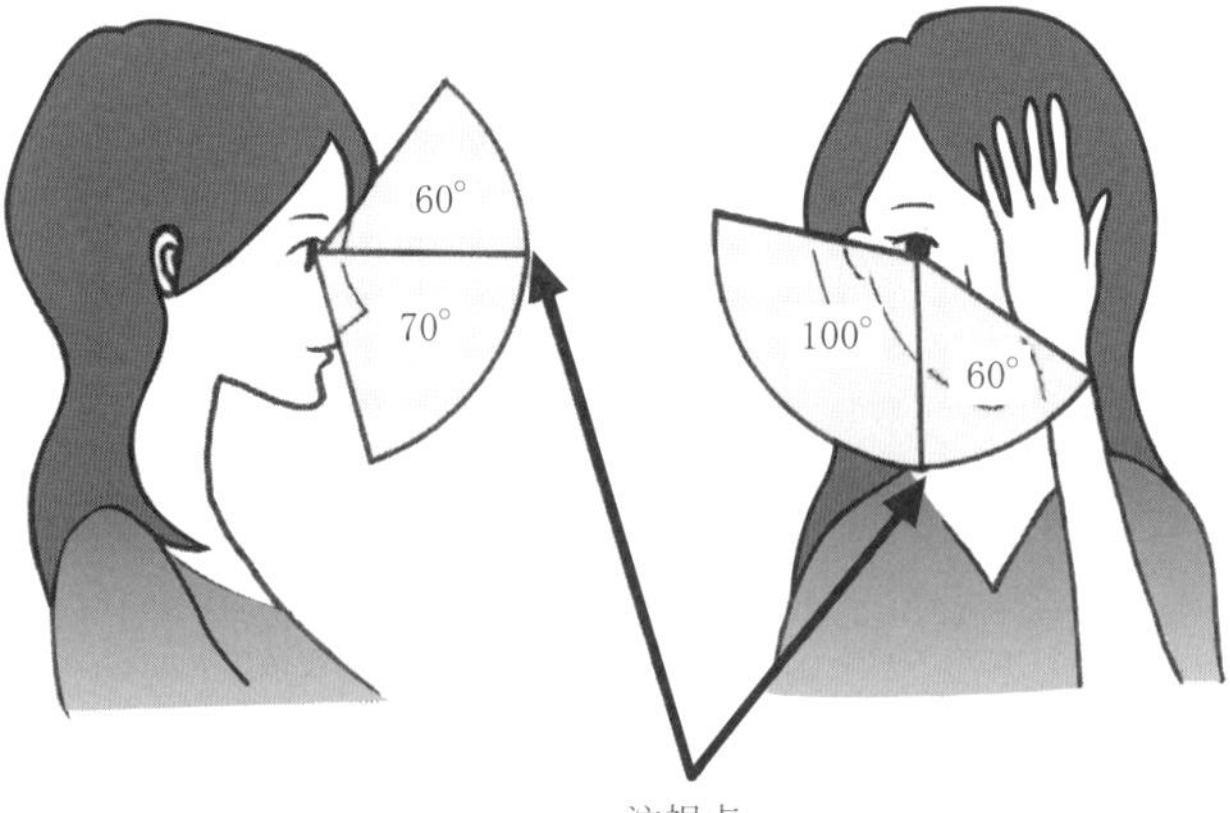

図1　正常な視野

態で見える範囲における感度の分布である。視野計で測定すると、正常眼の見える範囲はおよそ外方（耳側）一〇〇度、内方（鼻側）六〇度、上方六〇度、下方七〇度である（図1）。

日本では身体障害者福祉法により、視力と視野を合わせて表1のような六つの等級に区分されている。この等級にしたがって身体障害者手帳の交付を受け、税制、雇用、運賃割引、選挙の在宅投票、駐車禁止除外標識の交付などの援助を受けることができる。厚生労働省（平成十三年）の調査によると、日本の視覚障害者は三十万一千人、そのうち、重度と呼ばれる一級、二級に該当する人を合わせると五九・五パーセントとなり、聴覚・言語障害（二五・七パーセント）や肢体不自由（三九・三パーセント）と比較すると、重度の占める割合が高い。

表1　身体障害者等級表

一級	両眼の視力（万国式試視力表によって測ったものをいい、屈折異常がある者については、矯正視力について測ったものをいう。以下同じ）の和が〇・〇一以下のもの
二級	一．両眼の視力の和が〇・〇二以上〇・〇四以下のもの 二．両眼の視野がそれぞれ十度以内で、かつ、両眼による視野について視能率による損失率が九十五パーセント以上のもの
三級	一．両眼の視力が〇・〇五以上〇・〇八以下のもの 二．両眼の視野がそれぞれ十度以内で、かつ、両眼の視野について視能率による損失率が九十パーセント以上のもの
四級	一．両眼の視力の和が〇・〇九以上〇・一二以下のもの 二．両眼の視野がそれぞれ十度以内のもの
五級	一．両眼の視力の和が〇・一三以上〇・二以下のもの 二．両眼による視野の二分の一以上が欠けているもの
六級	一眼の視力が〇・〇二以下、他眼の視力が〇・六以下のもので、両眼の視力の和が〇・二を越えるもの

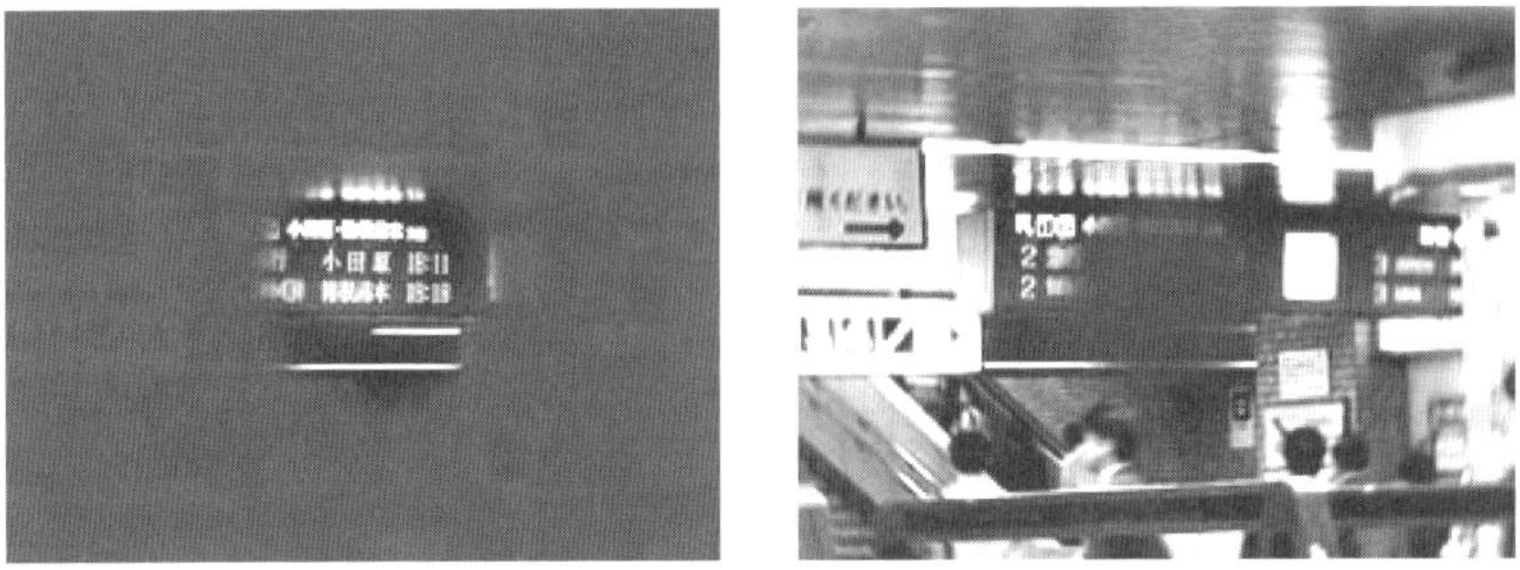

写真１　視野狭窄（左）と中心暗点（右）（文献１）

視野障害の主なものは、視野狭窄《きょうさく》と中心暗点（写真１）である。視野狭窄は網膜色素変性症などの場合に起こり、視力がよければその部分での読み書きはできそうだが、実際には周辺部が見えず、日常生活に非常な困難をきたす。また、夜盲《やもう》も訴え、夜間の外出ができなくなる。暗点は黄斑《おうはん》変性症などにみとめられ、中心部分が見えないため相手の顔が識別できなくなる。しかし、周辺部は見えるので歩行は視野狭窄よりも比較的容易であると言われている。ただし、ここに示した視野障害はほんの一例に過ぎない。視力の程度と同様に視野障害についてもその程度と視野の領域は人さまざまであり、個人内であっても病気の進行によって変化することもある。このように、視覚障害の中には全く「目の見えない人」だけでなく、いくらかの保有視力をもっている人も含まれており、むしろそのような人が大部分を占めている。

　また、前出の調査によれば、点字使用者は一〇・六パーセントにすぎず、その他の視覚障害者にはすみ字（手書き、活字を含む眼で読むことができる通常の文字）を拡大するなどの工夫が必要となる。また、外出状況については、「外出する」人の割合は他の障害とほぼ同じく九〇パーセントを示している。しかし、その頻度について障害の種類別に見た場合、ほぼ毎日外出する視覚障害者の割合は、最も低い（三三・六パーセント）。さらに、外出する人のうち、本人のみで外出している人の割合は聴覚・言語障害者が最も高く四七・五パーセントであるのに対し、視覚障害者は三三・六パーセントと最も低くなっている。その外出時に困ることとしては、電車・バス・タクシーなどの乗り物の利用が不便であることや（一一・四パーセント）、車などに身の危険を感じる（九・二パーセント）などの割合が高い。点字ブロックや音声による行き先案内など、交通機関におけるバリアフリーはその充実化が図られているが、決して十分とは言えず、視覚障害者が安全に外出するためには、他者による援助や外出者本人の対応に依存するところが多く残されていると考えられる。

ストレッサーとストレス反応

「私にとって試験はストレスだ」と言ったり、「試験が近づいていてストレスを感じる」といった表現をすることがある。通常、「ストレス」と言った場合、「ストレスフルであると認知される刺激あるいは状況」を意味する「ストレッサー」と、それによって心身に与えられる影響の結果生ずる「ストレス反応」がある。先の表現の例では、前者が「ストレッサー」を、後者が「ストレス反応」を指している。しかし、同じ「試験」に対してもそれを非常にストレスに感じる人とそうでない人がいる。ラザラスとフォルクマン（文献2）は「人と環境とのある特殊な関係」をストレスと定義し、出来事とそれに対する個人の評価及び対処を含む二方向的な相互規定関係のモデル、すなわちトランザクショナル・モデルによってストレス状況を説明した。彼らの言う特殊な関係とは、そのような関係が形成されることにより、人に心理的な負担がかかり、自己の対処能力によってその心理的負担の軽減あるいは解決が不可能であると判断されるような関係をいう。つまり、特定の人間と環境の関係がストレスフルであるか否かは個人の認知的評価に依存している。

ストレス反応のいろいろ

先の試験の例では、自ら「ストレスを感じる」と自覚できる場合が多いであろうが、ストレッサーの影響は他にもさまざまな形で現れる。

1　身体的影響

ストレッサーが身体に影響する結果として、種々のストレス性疾患があり、過敏性腸症状、消化器系潰瘍、高血圧、心臓疾患などがストレス関連疾患として知られている。最近では、精神免疫学の発展により、ストレスによる生理的変化は、自律神経系、内分泌系、免疫系の３つが関係していることが明らかにされてきた。つまり、ストレスを受けることによって自律神経系の内分泌のバランスが崩れ、先のようなストレス関連疾患になりやすいこと、さらに免疫系の機能低下により病気全般の罹患性を高めるという知見が得られている。

自律神経系の指標としてよく用いられるのは、測定が容易で連続的な測定が可能である心拍と血圧である。さまざまな作業における情報化・自動化が進んだことにより、身体的な負荷の高い作業が低減され、長時間にわたってコンピュータを用いるような精神的に負荷の高い作業が増加している。生理心理学の領域では、このような作業負荷を「メンタルワークロード」と呼び、それによって生ずるストレス評価に心拍や血圧が用いられている。メンタルワークロードにより心臓交感系の賦活と心臓副交感系の活動低下が起こり、それによって心拍は上昇し、さらにその影響を受けて血圧が上昇する。

ストレスの免疫系への影響は、唾液中の免疫グロブリン濃度や血中のナチュラルキラー細胞の活性化によって見ることができる。たとえば、長く持続する慢性ストレスが高いほど、免疫グロブリン濃度は顕著に低下するという研究結果が数多く示されており、強いストレスが持続することで感染症などへの脆弱性が増すと考えられる。

ストレスの内分泌系への影響については、最近になって唾液中のコルチゾールの測定法が開発された。測定の非侵襲性（注射針を指すことなどによって体に傷をつけない）から時間的変化を見るために用いられ、スピーチ場面をストレッサーとした研究においてスピーチの準備後とスピーチの直前に最高値を示すことが明らかにされている。

2　心理的影響

ラザラスとフォルクマンのモデルに従えば、環境からのある刺激への対処が個人の能力を超えると評価されるとき、個人は自分をストレス下にあると認識し、それに伴ってネガティブな情動反応を経験する。ストレッサーによる心理的影響の代表的な反応として抑うつ状態と不安状態があげられる。たとえば、近親者との死別や失業などのような大きなストレスを経験すると、絶望感や憂うつ感を感じる。また、不安は恐れや不確定な状況が継続したときに感じられる。しかし、これらの反応はその刺激状況において個人の持つ資源に対する評価に基づいて生起するものであり、個人の資源が異なればその評価もさまざまである。したがって、すべての人に共通する特定のストレス反応を明らかにすることは非常に困難であると言える。それでも、うつ傾向や不安など広く一般に認められるストレス反応を中心としたストレス反応尺度が開発されており、ストレス研究で盛んに用いられている。また、国外で開発されたが翻訳され国内でよく用いられているものに日本語版ＧＨＱ（the General Health Questionnaire、以下、ＧＨＱと略す）（文献３）がある。この尺度は身体的症状と精神的症状を含み、健康状態から神経症に至る行動特徴を一次元上の量的な変化ととらえ、神経症的傾向を定量的にとらえるとともに、神経症の判別に用いられることが特徴である。

3　睡眠への影響

いろいろなストレッサーが原因となって、不眠をもたらす場合がある。たとえば、「枕が変わると眠れない」というように環境の変化がストレッサーとなって精神的緊張が生じ、睡眠に影響することがある。自覚症状としては入眠困難、中途覚醒、早朝覚醒の三つが主要なものである。

その他、不眠の原因はさまざまあり、心理・社会的原因、物理的原因、生理的原因がある。特に心配事やストレス、眠れないことに対する不安といった心理的原因によるものは「精神生理性不眠」とよばれる。睡眠障害に影響する心理社会的要因について検討した研究は数多く、悲観的で、人生満足度が低く、抑うつ的な人は熟眠不全感が高いこと、疲労感が強い人は入眠困難、中途覚醒、早朝覚醒の傾向が高いことなどが示されている。しかし、このような知見のほとんどは、健康な成人や大学生を対象とした研究に基づいている。

ストレス尺度のいろいろ

刺激やストレス喚起イベント、すなわちストレッサーに着目した最初のイベント尺度としてホームズとラーエ（文献４）による社会的再適応評価表がある。彼らは日常生活全般における様々な変化を評価の対象とし、人が一定期間に経験するストレス量を測定しようとした。この評価表にはストレッサーとなりうる日常生活でのイベントに対して、その出来事への再適応に必要なエネルギー量に従ってストレス値が配点されている。まず、配偶者の死を最もストレスフルなイベントとしてそのストレス値を一〇〇点とし、結婚などの好ましい出来事を含め、小さな違法行為にいたるまでの四十三項目に対して順に配点している。しかし、このイベント・リストに対する批判として、被調査者の心身の健康状態や症状と見なすことができるイベントが含まれていることが指摘されている。つまり、心身の健康状態に影響を与えると予測されるストレスフル・イベントを明らかにするためには、その結果として変化する心身の状態とは区別されなければならないのである。このような問題を解決したストレス・イベント尺度が国内外で開発されてきている。国内で開発されている尺度についてみると、それらの多くはある特定の対象者あるいは特定の状況を対象としたものが多い。対象者別に見ると、勤労者を対象としたもの、大学生を対象としたもの、中学生用、小学生用などがある。このように対象者別に数多くのストレス・イベント尺度が開発されている中、障害を持つ人を対象としたストレス関連尺度はほとんど見当たらない。障害関連として広くとらえれば、障害児育児ストレス（文献５、６）などが散見されるが非障害関連と比較するとかなり少ないと言える。

視覚障害者にとってのストレッサー

それではこのようなストレス研究の流れの中で、視覚障害という問題はどのように取り扱われてきたであろうか。データベースSPIRSによればストレスや不安に関する研究は一九九〇年から二〇〇二年の間に限定しても八万千百三〇件に上るが、そのうち視覚障害者本人に関連しているものは二十件に過ぎなかった。

視覚障害は人口統計学的に見れば、確かに限られた人々における問題ではある。しかし、事故によって視力を失うことは誰にでも生じ得ることであり、自分ひとりでは解決不可能な数多くの問題を抱えることは必至である。それらに日々対処していかなければならない視覚障害者のストレスの問題は、先のラザラスとフォルクマンのストレスモデルにも十分に当てはまる。従って、このような視覚障害関連のストレスについても心理学や行動科学の枠組みの中でもっと取り上げられる必要があると思われる。

しかし、これまで視覚障害者の心理学的問題は、リハビリテーション訓練における問題の一部として議論されることが多かった。たとえば、歩行は視覚障害に関わるストレス研究の中で、かつて取り上げられることが最も多い事項であった。そして、現在でも、歩行訓練は視覚障害リハビリテーションの中でも最も重要な位置を占め、達成すべき大きな課題の一つである。芝田（文献7）は、晴眼者にとって歩行は散歩や散策のように気楽な心地よい運動という側面があるが、視覚障害者にとっては常に危険が伴うものであり、そこに費やす精神的エネルギー（緊張感）は相当のものであると述べている。歩行以外にも視覚障害者に特有のストレッサーは数多い。米国において視覚障害者のリハビリテーションに多大な貢献を果たした神父のキャロル（文献8）は、人が失明することによって喪失するものとして二〇項目を列挙している（表2）。これらのうち、いくつかは機能的喪失を表しており、それらに代わって機能する技術を学習することによってその損失を補うことができる。たとえば、意志伝達能力については、視覚に代わる感覚を用いた伝達技術を習得することによって補うことができる。そのうち、会話についてはどうであろうか。一般に、会話には複数の会話者の聴覚が健常で話すことができれば音声による情報交換は可能であると考えられる。しかし、晴眼者が実際にアイマスクをし、周囲からの視覚情報を遮断した状況で人との会話を行うような場面を設定すれば、どのようなことが起こるであろうか。全体の雰囲気、他の人の目線や表情など、会話という聴覚機能を媒介とした意思疎通に視覚情報が果たす役割は決して少なくないことが体験されるであろう。たとえば、発言の良いタイミングをつかむためには、今まさに話そうとしている人の存在や位置を正確に知ることが必要である。つまり、会話という、実際には聴覚系を中心とした状況でさえ視覚に頼るところが多い。このように、我々の日常生活における個々の事柄をたどって行くと、視覚

表２　失明により喪失するもの（Carroll、1961）

1	身体的な完全さの喪失
2	残存感覚に対する自信の喪失
3	環境との現実的な接触能力の喪失
4	視覚的背景の喪失
5	光の喪失
6	移動能力の喪失
7	日常生活技術の喪失
8	文書による意思伝達能力の喪失
9	会話による意思伝達機能の喪失
10	情報とその動きを知る力の喪失
11	楽しみを感じる力の喪失
12	美の鑑賞力の喪失
13	レクリエーションの喪失
14	経験・就職の機会などの喪失
15	経済的安定の喪失
16	独立心の喪失
17	人並みの社会的存在であることの喪失
18	目立たない存在であることの喪失
19	自己評価の喪失
20	全人格構造の喪失

障害者の生活はストレスと対処行動の連続であることがわかる。

では、具体的にはどのような日常的ストレッサーが存在しているのだろうか。全盲から良い方の眼の視力が〇・〇四までの視覚障害者六九名に対して行った調査において、「普段やりたいと思うことや、やる必要があることでも、難しく感じる事柄」を思い出して回答してもらった(文献9)。その回答をまとめると、「娯楽」、「外食」、「教養」、「トイレ」、「銀行」、「外出」、「買い物」、「家事」、「冠婚葬祭」の九カテゴリーに分類することができた。「教養」は、例えば外国語などの興味のあることを勉強する、または、楽器の演奏法を習うことなどが含まれる。その中でも特にその実行を「あきらめる」ことがらを尋ねたところ、表3の結果を得た。いずれの視力群においても最も多かったのが「娯楽」であった。また、「外食」や「教養」という回答も比較的多く、「買い物」や「家事」のような必然性の高い事柄に対して、援助を依頼しにくく、「あきらめる」ことで対処せざるを得ない状況が示されている。

また別の調査において、視覚障害者のためのリハビリテーション施設に入所して二週間以内の対象者に対してインタビューを行い、日常生活の中で「最も緊張すること」を尋ねたところ、「会話時」と「外出時」という回答が多かった(文献10)。視覚に障害を受けて間がなく、日常生活技術をこれから習得しようとする対象者らは、言葉を聞くことも話すこともできたが、話している相手の顔や表情が見えないことで大変緊張すると述べていた。相手の表情が見えない

表３「あきらめる」ストレスフル・イベントと目的地（%）

イベントと目的地	視力群		
	低群（0.0）	中群（0−0.01）	高群（0.01 <）
娯楽	26.1	56.0	23.8
外食	8.7	16.0	14.3
教養	8.7	16.0	0.0
トイレ	17.4	8.0	9.5
銀行	8.7	4.0	9.5
外出	0.0	16.0	0.0
買い物	0.0	16.0	4.8
家事	0.0	0.0	9.5
冠婚葬祭	0.0	0.0	14.3
その他	0.0	0.0	14.3
該当なし	26.1	20.0	38.1

のはまさに視覚障害者に特有のストレッサーであり、晴眼者には起こりえないことである。

そこで、筆者は日常生活のなかでも最も重要なことがらとして、この「会話」と「外出」にかかわるさまざまな日常ストレッサー項目を収集するため、一〇〇名以上の視覚障害者に面接調査を行い、毎日の生活の中で「困ること」や「ストレスに感じること」を尋ねた。その結果をもとに作成されたのが、視覚障害者用日常ストレスチェックリストである（文献11）。全部で二十四項目あるが、表4はその一部である。このチェックリストは三つの部分からなり、それぞれが下位尺度を構成している。「外出・援助依頼状況」と名づけられた項目群には視覚障害者が外出・歩行する際にストレスを感じる状況項目と、それらに関連した援助依頼状況項目が含まれている。多くの視覚障害者を対象とした調査と統計的な分析の結果、この「外出・歩行」時にストレスを感じる人は、他者への「援助依頼」状況にもストレスを感じており、両者は切り離すことができない状況項目であることが明らかとなった。「矛盾的・妨害的状況」と名づけられた項目群には自己の内面に抱える矛盾した状況と自己の欲求が満たされない妨害的な状況とが含まれている。項目群の名前からその状況は幾分イメージしにくいかもしれないが、項目の内容を読んでいただければその共通した点を理解していただけると思う。最後の「対晴眼者状況」項目は文字通り、眼の見える晴眼者と相対する状況を表している。視覚障害者に対して視覚的な情報を口頭で伝えることによって、晴眼者は多くの場合よい援助者となるが、時

表4　視覚障害者用日常ストレスチェックリストの項目（抜粋）

外出・援助依頼状況	慣れないところへ一人で外出しなければならない時 一人で買い物へ行かなければならない時 一人で外出中にトイレへ行きたくなった時 道に迷った時
矛盾的・妨害的状況	友人におせっかいをやかれた時 家族にしつこく悩みを聞かれた時 自分にわかっていないことを、わかったふりをしてしまった時 日常生活において何をどこまで人に頼んでよいかわからない時
対晴眼者状況	白杖を持っているところを近所の人に見られた時 晴眼者と一緒に買い物へ行く時 晴眼者が多い集まりに行く時 自分の視力のことを知らない人と話をする時

としてその関わりがストレッサーとなることもある。

視力が良いほど日常ストレスは低い?

キャロルの「二〇の喪失」にもあったように、人は視覚を失うことで、非常に多くのものを喪《うしな》う。そして、具体的に多くの日常的事柄を行う上で不便を感じ、あきらめることもあることが調査結果からも明らかであった。ただ、一言に視覚障害者と言ってもそこには全盲も弱視も含まれ、見え方も人さまざまであることは先に述べたとおりである。では、日常生活で困ることによって感じるストレスは、視力が少しでも高ければ、少なくてすむのであろうか。

視覚障害者用日常ストレスチェックリストを用い、視覚障害をもつ成人一四四名を対象に行った調査（文献12）では、視力が高ければ高いほど、感じるストレスが高くなることが示された。ただし、この場合のストレスの原因は「対晴眼者状況」におけるストレッサーである。一般には、ある程度の視力があれば、外出や歩行、その他の日常動作はよりスムーズに行われると考えられる。しかし、ひとたびその状況が、眼の見える晴眼者と相対する場面になるとその状況がストレッサーになり、視力が高いほど感じるストレスも高くなるのである。買い物に行く時には、表示されている値段を読んでもらったり、洋服の色を説明してもらったりと、視覚的な情報を説明してもらえるという利点があるはずである。しかし、回答者の多くは、「かえって気を使われるのが、しんどい」、「多少不便でも、一人の方が気が楽です」などと言われる。また、特に弱視の人の場合は、周囲の人に自分の見え方を理解してもらうのが難しいようである。相手と同じように見えているか、全盲で全く見えない状況は理解してもらいやすいが、一人一人異なる視力や視野の状態、場合によっては、照明や体調によって変化する見え方を説明し、理解してもらうには労力を要するのである。

では、視覚障害者は周囲の人に援助してもらうことで、ストレスを軽減することはできないのであろうか。心理学の領域において、周囲から得られる援助は「ソーシャル・サポート」研究の領域でそのストレス軽減効果が証明されてきた。特に最近では、サポートを一方的に受けるのではなく、互いにサポートをやりとりする互恵的関係（持ちつ持たれつの関係）を保つことによって、心身の健康が保たれることが示されてきた。視覚障害者における互恵性とストレスの関係についてはどうであろうか。筆者は情緒的サポートのやり取りの互恵性に応じて対象者である視覚障害者を三群に分け、各群の「矛盾的・妨害的状況」における平均ストレス得点を算出した（文献13）。「マイナス群」は与えるサポートより受けるサポートが少ない群、「プラス群」は受けるサポートの方が多い群、「互恵群」は受けるサポートと与えるサポートがほぼ等しい群、すなわち、「持ちつ持たれつの関係」を保っている群である。結果から、晴眼者において得られた過去の研究と同様、サポートやり取りのバランスが取れている互恵群は他の二つの群に比べて、感じるストレスが低いことがわかった。そして、ＧＨＱを用いて測定した精神的健康度との関連を見ると、この「矛盾的・妨害的状況」ストレスが低いほど精神的に健康であることもわかった。このように、視覚障害によってもたらされるストレスもソーシャル・サポートをうまくやり取りすることで緩和されることがわかってきたが、今後は、スポーツや旅行といった余暇活動による健康促進効果についても検討すべきであると考える。そして、それらの研究結果を総合的にみていくことで、視覚障害者のＱＯＬ（生活の質）向上に貢献することができる。

文献

1　日本眼科医会「ロービジョンの現状と展望　ロービジョン者のものの見え方」、二〇〇六年五月二十二日に以下のサイトより閲覧：http://www.gankaikai.or.jp/info/08/02.html

2　Lazarus, R. S., & Folkman, S.（1984）. *Stress, appraisal, and coping.* New York : Springer Publishing Company.

3　中川泰彬・大坊郁夫『日本版ＧＨＱ精神健康調査票〈手引き〉』、日本文化科学社、一九八五年。

4 Holmes, T. H., & Rahe, R. H. (1967). The social readjustment rating scale. *Journal of Psychosomatic Research, 11,* 213-218.

5 岡田節子・種子田綾・新田収・中嶋和夫「障害児育児ストレス認知尺度の因子不変性」、『静岡県立大学短期大学部研究紀要』、第一八号、二〇〇四年、一八三―一八九頁。

6 植村勝彦・新美明夫「学齢期心身障害児をもつ父母のストレス『母親用』『父親用』ストレス尺度の構成」、『社会福祉学部研究報告』、第八号、愛知県心身障害者コロニー発達障害研究所、一九八三年、一九―五一頁。

7 芝田裕一「歩行訓練について」、芝田裕一編『視覚障害者の社会適応訓練』、日本ライトハウス視覚障害リハビリテーションセンター、一九九〇年、二九―三三頁。

8 Carroll, T. J. (1961). *Blindness.* Boston : Little, Brown and Company. 樋口正純訳、松本征二監修『失明』、東京：社会福祉法人日本盲人福祉委員会、一九七七年。

9 Matsunaka, K., Inoue, A., & Miyata, Y. (2002). The effect of sight levels on daily stressors and coping styles. *Japanese Psychological Research, 44,* 1-8.

10 松中久美子・宮田洋「視覚障害者のストレスとその対処行動に関する予備調査」、『関西学院大学人文論究』、第四〇巻第一号、一九九〇年、九三―一〇四頁。

11 松中久美子「視覚障害者日常ストレッサーチェックリストの作成」、『関西学院大学人文論究』、第四七巻第三号、一九九七年、一五九―一六八頁。

12　松中久美子「視覚障害者の日常生活ストレスに対する個人的規定要因の検討」、『心理学研究』、第七三巻、二〇〇二年、三四〇―三四五頁。

13　松中久美子「ソーシャル・サポートが視覚障害者の日常ストレスと精神的健康に与える影響について」、『健康心理学研究』、第一六巻、二〇〇三年、五三―五九頁。

著者紹介

伊村知子（いむら・ともこ）第１章
現　　職：日本学術振興会特別研究員（ＰＤ）（関西学院大学）
専門分野：比較認知発達、知覚心理学
学　　位：博士（心理学）

柾木隆寿（まさき・たかひさ）第２章
現　　職：日本学術振興会特別研究員（ＰＤ）（関西学院大学）
専門分野：学習心理学、味覚嫌悪学習、ストレス
学　　位：博士（心理学）

北村元隆（きたむら・もとたか）第３章
現　　職：関西学院大学大学院文学研究科研究員
専門分野：認知学習心理学、薬理心理学
学　　位：博士（医学）、博士（心理学）

鈴木まや（すずき・まや）第４章
現　　職：関西学院大学大学院文学研究科研究員
専門分野：嗅覚、感情、生理心理学
学　　位：博士（心理学）

松中久美子（まつなか・くみこ）第５章
現　　職：関西福祉科学大学健康福祉学部健康科学科講師
専門分野：福祉心理学、健康心理学
学　　位：博士（心理学）

K.G. りぶれっと No.14
心理科学研究のフロンティア

2006年8月1日 初版第一刷発行

著　者　伊村知子・柾木隆寿・北村元隆・鈴木まや・松中久美子
発行者　山本栄一
発行所　関西学院大学出版会
所在地　〒662-0891　兵庫県西宮市上ケ原一番町 1-155
電　話　0798-53-5233

印　刷　協和印刷株式会社

Printed in Japan by Kwansei Gakuin University Press
ISBN 4-907654-93-6

http://www.kwansei.ac.jp/press

関西学院大学出版会「K・G・りぶれっと」発刊のことば

大学はいうまでもなく、時代の申し子である。

その意味で、大学が生き生きとした活力をいつももっていてほしいというのは、大学を構成するもの達だけではなく、広く一般社会の願いである。

研究、対話の成果である大学内の知的活動を広く社会に評価の場を求める行為が、社会へのさまざまなメッセージとなり、大学の活力のおおきな源泉になりうると信じている。

遅まきながら関西学院大学出版会を立ち上げたのもその一助になりたいためである。

ここに、広く学院内外に執筆者を求め、講義、ゼミ、実習その他授業全般に関する補助教材、あるいは現代社会の諸問題を新たな切り口から解剖した論評などを、できるだけ平易に、かつさまざまな形式によって提供する場を設けることにした。

一冊、四万字を目安として発信されたものが、読み手を通して〈教え―学ぶ〉活動を活性化させ、社会の問題提起となり、時に読み手から発信者への反応を受けて、書き手が応答するなど、「知」の活性化の場となることを期待している。

多くの方々が相互行為としての「大学」をめざして、この場に参加されることを願っている。

二〇〇〇年　四月